MENCIÓN PREMIO HERMANOS LOYNAZ. CUBA, 2016

El Oro
del Imperio
Miladis Hernández Acosta
Editorial Primigenios

Primera edición 2020
Ediciones Siglo 21. S. C.
Segunda edición
Editorial Primigenios
Miami, 2022

ISBN: 9798823799805

Edita: Editorial Primigenios
Miami, Florida.
Correo electrónico: editorialprimigenios@yahoo.com
Sitio web: https://editorialprimigenios.org

Edición y maquetación: Eduardo René Casanova Ealo

La Voluntad del Inverso Oro

La Isla de Cuba, siempre ha tenido una larga y meritoria tradición poética. Miladis Hernández es producto de ese gran legado. El nuevo libro de la poeta me llama poderosamente la atención por dos características: la primera el tema del oro, y segundo el ritmo de los versos.

Si nos vamos por el ritmo, es decir, por la formalidad de la obra, algunos lectores podrían decir que es un Neo-Barroco, bajo los cánones de autores contemporáneos, como José Kozer, y quizás es un acercamiento acertado. Y más que por interpretaciones académicas-literarias, esa esencia barroca tiene mucho que ver con el Oro y la Plata, que en pleno siglo XVI, eran las fuentes de riqueza que permitieron una irrupción del movimiento y su consecuente estilo de vida que deriva en los lenguajes cultivados en esos siglos y que hoy aún resuenan. Ella es una hija del barroco.

Pero ¿de qué oro o barroco estamos hablando? ¿Algo físico, literario o más bien metafísico? Esta ambigüedad, la iremos descifrando en el poemario.

El Oro es el motor de la Historia, arrebatando la primacía que Marx puso a la violencia como partera. Y si vemos cada uno de los personajes del poemario, desde Escipión hasta Schopenhauer, son atravesados por esta impronta aurea. Pero ¿de qué forma son atravesados?, pues son marcados en sus espíritus y pensamientos.

Y es aquí donde radica la importancia de este oro, el cual no es aquel que encontramos en las reservas federales del mundo, sino el que se halla durante un proceso alquímico permanente. Entonces este poemario no es otra cosa que un viaje alquímico para encontrar ese oro: "*Es Voluntad del inverso oro*", nos dice la poeta en su poema Schopenhauer, como una invitación a leer cada verso en esa clave.

Volviendo a la parte formal, este ritmo alquímico también se nos muestra en los versos de la poeta de formas trepidantes y, sí se puede decir, hasta "caballosos" en una clara alusión a un tropel de caballos en batalla, imagen que muchas veces podemos observar en el poemario, pues la guerra y el conflicto que nos proponen los versos, y que recorren desde las guerras púnicas hasta el conflicto de Siria, son parte de ese proceso de encontrar (se) del hombre y la humanidad.

La poesía de Miladis recurre a quiebres en su ritmo, para despistarnos los sentidos tal como, nos indicaba Fulcanelli, lo hacían los alquimistas con las señales que dejaban en las catedrales. Es así que la primera parte del poemario tenemos esos versos galopantes que en la segunda y tercera sección, La Tierra Exigua y el Tiempo Perfecto respectivamente, cambian a un estilo "narrativo" más sosegado, pero que no deja esas señales barrocas y místicas del anterior, sino que lo alargan, como un relato poético para aquellos misterios que se hacen más oscuros.

Parte de este ritmo se apoyan en una cascada de imágenes preciosas que, por momentos nos hace recordar a los poetas que ella usa como personajes en su poemario y por qué no, a los mejores momentos de la poesía barroca o neo barroco como Lezama Lima y Kozer. Podemos decir, para redondear el tema de la estructura formal de este poemario, que la belleza está desde la correspondencia del título, hasta con cada palabra que la poeta asocia. Todo está finamente enlazado como una bella filigrana de plata que era parte de las delicias del antiguo Virreinato del Perú para la Vieja Europa.

¿Será que este poemario, producto de un delicioso crisol de oro y piedras preciosas, editado-amalgamado en una editorial de esta parte del mundo, sea una nueva riqueza que otra vez va al Viejo Continente para dar luz en los ojos del allende? El tiempo seguramente lo confirmará.

La belleza convive con lo terrible: "Se hace inevitable el uso del dolor" o "Esas mismas bajas pasiones hecha con monóxido de carbono", versos del poema Derrumbe/Spinoza, que nos indican lo terrible que son las imágenes que pueden poseer a la poeta, pues en su alquimia escrita, no dejamos de apreciar que en muchos momentos la carne, *el carrocero*, el dolor mismo y otros elementos tienen que ser enfrentados para luego pasar a un nivel de pureza que la poeta nos muestra, como aquellas mariposas, en uno de sus poemas más hermosos *Vendedor de Mariposas*, que dejan su polvo aúreo al morir; es por eso que este ser y su vuelo se convierte simbolismo de un renacimiento desde el dolor.

Y se me viene a la mente que podemos decir que hay una "muerte amarilla" que estos seres nos muestra, como procesos previos al momento culmen de esta alquimia. La Belleza luego de la Generación Espontánea.

Igual de terrible que la Belleza, es la experiencia del encierro, paso fundamental que la poeta se exige para transmutar. La jaula, el encierro y el aislamiento son pasos definitivos para la experiencia libertaria de esta transmutación.

Punto aparte, y por la cual me atrevo a hacer este prólogo, es mi experiencia cuando me encuentro con el siguiente verso: "Al final una cárcel se asemeja a una isla" (Jaula/ Ezra Pound), pues me toca en la experiencia de haber conocido la Isla y de componer varios poemas en función de ella.

Y la Isla es una experiencia de "aislamiento" que se lleva uno para el resto de la vida, y tanto que, años más tarde, cuando hubo momentos en mi vida que también viví en una isla, recordé su confinamiento marítimo. Esa sensación la denominamos con un buen amigo como "Living in a box".

Toda estas experiencias de lo terrible, de la soledad y del encierro, nos llevan al encuentro del Dolor, uno que se asemeja a los elaborados y lentos procesos que se dan en los alambiques del maestro alquimista. El Dolor es elemento catalizador de este química poética.

El alquimista no solo usa el poder de los elementos para su proceso, también usa las fórmulas que tienen las palabras, como lo hace El Mago, cual arquetipo de Jung, usa frase de poder para lograr su cometido. Bajo esta premisa tenemos versos de poder tales como:

"Cada cual tiembla según la sombra que se aproxima" (en el poema Comunión/Cernuda)

"Sabiendo que todo tenemos un acertado exterminador" (en el poema Rapto de muerte/Escipión)

O finalmente este conjuro completo:

"Ajenjo sobre esas planillas donde el otro controla el otro/
Donde la lista queda vacía/
Sin saber que es sólo una ilusión óptica/
Un formaldehido de cabezas cayendo" (extracto del poema Zona franca/Santa Teresa)

Y después de todo este recorrido que nos lleva por alturas, en dónde la alquimia nos despoja de todo lo que somos, en donde buscamos el oro, la muerte amarilla y hasta una lluvia dorada poética, la pregunta total es: ¿a dónde nos lleva este camino?

Personalmente creo que nos lleva a dos conclusiones. la primera que todo "control es una ilusión, un nudo que con facilidad se destraba", porque eso es la poesía estar fuera del control, estar fuera de los viejos ordenes mundiales, así como de los nuevos, estar lejos de la arrogancia que da el oro y la plata. Es dar en la cara de los "controladores" una revolución, ante poner nuestro lenguaje humano a todas las neo lenguas, fake news, discursos de lo políticamente correcto y demás fuegos fatuos que nos quieren encerrar el espíritu humano.

La segunda conclusión y la más radical del poemario es la verdadera alquimia, la que con un grito de libertad mística y poética, nos permite decir el verso que Miladis nos ofrece: "Ya soy Otro" (en el poema Gerencia/Pessoa). Y no creo equivocarme que ese Otro, es un hombre nuevo, que va más allá de las concepciones cristianas o de los horizontes que proponía Nietzsche, Miladis con este poemario pone los fundamentos de un nuevo Otro.

El Oro del Imperio, a través de sus tres secciones, es un libro mistérico, un dulce vino consagrado, un oro alquímico y un finalmente, un libro para un renacimiento. No pretendo decir más, porque ya no es necesario, estas humildes palabras sólo han querido decir una experiencia muy personal de lectura que espero ustedes, queridos lectores, pueden tener el gusto de tenerlo también.

LUIS ALONSO CRUZ ÁLVAREZ
Mayo del año de nuestra pandemia. Lima. Perú, 2020

De la belleza y sus contrarios

Miladis Hernández Acosta domina el simbolismo del oro. Sabe que la obsesión de los alquimistas por este elemento se apoyaba en nociones filosóficas y espirituales. Los poemas de este libro insisten una y otra vez en el codiciado metal, pero en todo momento advertiremos un sesgo espiritual, aun cuando se hable del oro como estereotipo abstracto del valor, sujeto a las leyes del intercambio humano:

Yo no quería *el oro del imperio* le dije al carrocero/
Hube primero de levantarme sin miedo/
Hube de sabotear las ruinas/
Descuartizar mi vesícula/desasirme en el matadero/
Yo quería el invierno/ la cofradía/los ojos de la nieve
Legitimando el olor irresistible de la Victoria/

La naturaleza inauténtica de una vida gobernada por la obsesión de acaparar bienes terrenales es puesta de relieve en los enfáticos versos de la poeta. No obstante, observamos una deriva metafísica que nos hace sospechar que en sus alegatos líricos hay algo más que una simple denuncia de lo concupiscible. La primera persona de estas páginas es un yo plural que contiene los polifónicos registros de la existencia humana en tiempos preapocalípticos. En todo momento percibimos la cercanía del mal, su vecindad mórbida, sulfúrea. Y este es, acaso, uno de los mayores méritos de esta poesía: mostrarnos lo inicuo a través de constantes elusiones:

De no vaciarme en el foso/ porque allí se pierden
Los libros de familia/el mar y los cielos/
La cadenita de oro de la niña desangrada en la cerca/

He aquí un instante donde esta manera de nombrar las cosas por la oquedad que produce su ausencia, cobra una dimensión escalofriante. La belleza y el mal encuentran en esta inesperada conjunción un maravilloso punto de equilibrio. Estamos ante una escritura que ha alcanzado su cenit. Es interesante observar cómo las poéticas de madurez cifran su operatoria discursiva en símbolos inmediatos, de sólida gravitación en el imaginario colectivo. Un artista que no se encuentre en el pleno dominio de sus armas no lograría comunicar sus estados profundos mediante símbolos elementales. Es muy alentador encontrase con libros como *El oro del imperio* en el actual panorama de la poesía cubana.

Miladis Hernández muestra con vigor y audacia los abismos por los cuales transitamos en estos días de modernidad líquida. Aquí contrasta la solidez del símbolo manejado para mostrarnos imprevistas alternativas de redención. El fulgor del oro, su demencial relumbre, podría ser la marca que nos ayude a salir del laberinto:

Destilé el oro/ volé sobre las muchedumbres sangrientas/
Me purifiqué con los jazmines
Alcé mi copa al Señor/ fui exaltado/
Aceleré mi bravura/
Recorrí el doliente camino del desapego/

Sin embargo, la poeta sabe que el camino es harto difícil, preñado de trampas y sinuosidades que nos alejan de la meta, que no es otra que la salvación del alma a través de la ascesis, el renunciamiento, el desapego. ¿Cómo renunciar a la belleza? ¿Cómo extraer los cuerpos de las reconfortantes aguas del placer? ¿Cómo cerrar los ojos a la contemplación de las estatuas erigidas por el deseo?

Nada concluye así de fácil/
En el extremo la oscura estratagema/
Justificación del pájaro en su jaula de oro
Escapándose para saber morir como mueren las aves/
Encontrar el estigma del lado que duele/

Convertirse en el presunto sospechoso de ese lado
Donde todos estamos solos/varados

En este cuaderno no encontraremos una espuria ética del desapego. Las apetencias terrenales no son simplemente negadas, sino puestas en duda mediante un meticuloso juego de contraposiciones simbólicas. El carácter utópico de una felicidad sustentada en la posesión es confrontada con la acumulación de tesoros en el empíreo. Es por eso que encontramos tan apropiado el magnífico verso donde se alude a la justificación del pájaro en su jaula de oro, puesto que entendemos esta *justificación* como santificación obtenida mediante la fe. La materialidad del mundo, su negatividad, es fielmente expresada por esos barrotes áureos que impiden que el pájaro (el alma humana) remonte su vuelo hacia atmósferas humanamente irrespirables. El espíritu se sobrecoge ante las máquinas célibes en que se han convertido los frutos más prometedores de la razón humana.

Miladis Hernández es una poeta que ha fundamentado su labor creativa dentro de la fabulación y la metáfora. Distante de tentativas expresivas afincadas en la simulación del habla cotidiana, construye sus poemas a partir de una referencialidad firmemente anclada en la tradición mitopoética del occidente cristiano. Sin desentenderse de sus hallazgos expresivos anteriores, nos ofrece en esta oportunidad un sólido conjunto cuyo centro de gravitación reside en la dicotomía materia-espíritu. El lector podrá encontrar en estas páginas sorprendentes incursiones en el tema que tanto hiciera reflexionar a Blaise Pascal.

J. L. SERRANO.
Holguín. Enero. 2020.

A mi hija Nayla
Oro perpetuo

((¿Qué me importa que el destino te arrastre,
si es para velar toda la noche
por amor del oro, para desear sin cesar y para morir?
A favor de este mundo ha muerto
el que ha arrojado del mundo esta locura,
vive, pues para Dios, bajo su imperio, olvidado de tu antiguo nacimiento))

Taciano
Orat, ad-Grace, XI, 2

Prefacio

Grité y el carruaje se detuvo/
Efecto o imagen para *remover* las huellas
Del que comienza a ocupar un Reino
Hundiendo el rastrillo para sacar el oro/
Yo no quería *el oro del imperio* le dije al carrocero/
Hube primero de levantarme sin miedo/
Hube de sabotear las ruinas/
Descuartizar mi vesícula/desasirme en el matadero/
Yo quería el invierno/ la cofradía/los ojos de la nieve
Legitimando el olor irresistible de la Victoria/
Los frescos/ las marcas/
Cristal que media entre la mano que me alcanza
Y esta arrogancia de concebirme solo/
Quise posesionarme/brotar con decoro
Vencer sobre esa emboscada
De un germen de amor ofrecido para mí/
Destilé el oro/ volé sobre las muchedumbres sangrientas/
Me purifiqué con los jazmines
Alcé mi copa al Señor/ fui exaltado/
Aceleré mi bravura/
Recorrí el doliente camino del desapego/
Subí a la cima que puntea la roca/
Desde allí vi desfilar las reses/ los asnos/
El corcel impoluto del carrocero/
Yo sé cuál es el precio de la Victoria/
Sé cuantificar el resplandor/
Apoderarme de las cosas que han de crecer/
Después de ladear las afrentas/

AUTOCONSUMO/SÉNECA

¿Disponemos de tiempo?
¿Sabremos morir?

SÉNECA

Nada concluye así de fácil/
En extremo la oscura estratagema/
Justificación del pájaro en su jaula de oro
Escapándose para saber morir como mueren las aves/
Encontrar el estigma del lado que duele/
Convertirse en el presunto sospechoso de ese lado
Donde todos estamos solos/varados
Por la fiera marea de los dioses/
Hablas para qué/ ofrécete estatua para el verano/
Para que el moho no rinda el sacrílego verdor/
Estas solo en los territorios desolados/
¿Sirve dialogar?/ ¿remover la masa?/
¿La dedicatoria?/ Ponte de pie
Lame los ojos del monstruo/
Frivolidad del laberinto/ abismo abrumador/

Yo no sé qué es el oro o el yelmo raído de la paloma/
Entra/ no te desmayes con ese autoconsumo
Ayuno crepuscular/
Hombres como formas de monumentos/como ruinas
Enmoheciéndose también/yo no sé cuántos caen/
¿Quiénes reptan?/
En esa multitud va mi cabeza/qué larga es la pradera/
El cóncavo falo de ese tiempo que disponemos
Con los ojos perdidos en el mar de los dioses/
Acelera el rumbo/nada concluye así de fácil/
En el lagar del recuerdo/en la ruta no comenzada/
Lo que queda legítimamente escrito/
En el bosque de la nieve/en la apostasía/
Monje que sabe cautivar/larga destrucción de ese nombre

Que se repite/por todos los siglos en mí y acecha
Con el crucifijo/con las letras/quién reza
Con la luz de los espejos/
Con la palabra contundente/crucigrama común/

Nada concluye en la arbolada de los vientos/
Puedes lanzar lo que yace /lo que sobra/
Espectros de esta memoria/
Tradición del pájaro en su jaula de oro/
Canta en ese orificio como el lobo antes de morir/
Adiestrado en la cueva/ desprovisto de laureles/
Del sésamo combinativo/había una llama/
Muertos floreciendo/ ¿quién indulta?/ ¿dime?
¿Quién?/si nada concluye en el cordón de fuego/
Confrontación de abreviar ideas
Para que mi alma sea calesa viva/deidad perpleja/
Sangre enriquecida por la bruma/extraño error de creer
Que toda solución está en la fría mano de los héroes/

Conde Lautréamont/ o los cantos de Maldoror

Cuál es el miedo para no cantar en la caverna/
Aparecen de repente los caballos
Mientras yo me he *ido* a los zarzales
Con el dopaje oscuro para seguir detectando las amenazas/
Pase usted peregrino/haga su biografía/
Dibuje tatuajes por la piel del niño/
Transpire esa contaminación que envían los carroñeros/
No se haga de rogar/diga que canta con grisura/*diga*
Se han perdido los sentidos/se malogra la visón del mundo/

Traduzca lo que pienso/no haga versiones
De este canto/*contemplativo/*
Cada noche me arrojo al epicentro de la grave partitura/
Sin detonar *la epifanía/*
Marque la frase favorita/
–Frecuente- tonada- de la cuadrilla/
No existe el *otro*/ni el vengativo/
No existe el suplidor de las voces *idas*/
Aterrice en su alfombra/
Sea paciente para que pasen los caballos
Por el extraño arcabuzal/para que lleguen las mieses/
Palabras sangrientas/triviales bucaneros
A demostrar la adaptación del coro/
Demuestre que no estas sorprendido/
Que sale de la métrica o no hay sonido/
Demuestre que he sido claro/
Que no es *performance*/ ni oda legislativa/
Póngase en sintonía/
Ramifíquese en lenta metamorfosis/
Que no llueve/o hay sequía/

Que lloran de pie las madres y los hijos /
Que es lógica esa obediencia
O neutral postura de voces que halagan/
Yo gasto mi garganta
Y un muerto es mera certificación/o el abuso de la *poesía*/
Un muerto es signo de reserva/contumaz rapor /

No basta plantar la rosa si está el rosado caracol debajo/
No basta lo que se lleva el viento/cuando se está percutiendo
Desde el río a la marea/con voces que lloran/
Cuando se está activando una herida/

EPIFANÍA/HESSE

Quédate quieto/varado en la frontera/
Expuesto como animal civilizado
Esperando a que *otro* abra la compuerta/
Recibas el monto para que la oreja no se pierda en el trayecto/
O roben la identidad del lobo/
Nada puede caber en la casa que llevas en la espalda/
Si no los signos misteriosos que accedo/

No hay frontera si tienes el mar adentro/
Nada puede reducir el aumento de la masa que subvierte/
Posición de acometida/o posición de retirada/
Sacúdete las balas como quien sigue detrás de un riel/
O de un cortador de hulla en la montaña/
Entenderás cómo se reanuda la belleza/
Cómo comen la carne del alce/
O se exprime el ricino del escape
Sin que la palabra *crisis* no sea una marca
O una estatua en medio del campo/
Los hombres siempre han partido en manadas
Detrás de señales extremas/detrás de una virgen *pariendo*
Un niño cuyo nacimiento ya estaba anunciado/

Quédate en suspenso/desarticulado por tensiones/
En esos territorios sin pertenencias/
Como boceto malpintado/o lámina –lastimera-
Para observar con los brazos en la nuca/
Como uno es objeto de esa *crisis* que impone condiciones/
En esa maroma de la virgen partera/
Inclinado como embalse en plena sequía/en la ahogadura/
Para que vean cómo arden los huesos/cómo caes
Cómo te levantas/sin que seas plaga de riesgo

Gusano roedor o roca sin pulimento/

Y tu nombre signifique otra cosa/
Y la casa que llevas en la espalda se pierda/
En tu cabeza pongan un número –curvo-/
O tu boca se pegue al nido de la serpiente /
Y seas ese –*refugiado*-animal-contrariado/

Quédate así/divido en serie/divido en remolachas/
Ordenado en pelotones
Esperando a que otro abra la compuerta/
Y tú finalmente *te estremezcas*/

Derrumbe/Spinoza

Para que un hombre triunfe
Se hace inevitable el uso del terror/
Leí/que nada se redime con la sangre de los héroes/
Leí/que el mundo se derrumba o los muertos cansados
Solo serán/el crudo naranjo de la infame condición humana/
¿Qué quedará después que eche el keroseno
Y elimine el hormiguero?
Todo parece relacionarse a esa lectura que hago
Para disminuir las bajas pasiones/
Qué encuentro en las páginas insufribles de la historia/
Sino esas mismas bajas *pasiones* hechas con monóxido de carbono
Para que los hombres entren a bañarse
Y salgan pulverizados como moluscos rosados/
Qué encuentro de paso en la esquina sino el atropello al caballo
O gritos de las víctimas que sobrepasan los puentes
Con un disparo en la nuca o una cuchillada en la frente/
¿Quién quiere repetir la escena?/decir que la realidad
No es más que esa acumulada costumbre/
Símbolo contrario del mismo epigrama/

Piden que hagamos una red/
O exploremos las cenizas de la historia/
Pido una razón o el exacto vocabulario
Sin el maquillaje habitual para no salirme del muro
O de otras rarezas/ a tono con las fórmulas especiales/
Yo no sé nadar/ni traiciono/
Ni creo que tenga sentido nadar hacia lo extraordinario/
Uno no sabe cuándo irá caer de esa fila que lentamente aminora/
¿Quién puede secarme este paisaje?/
Entréguenme un cuerpo que desaire a la muerte
Y pueda negociar conmigo este pedazo de cielo

O la sangre que queda en el plato/
Nada borrará este pecho o los signos visibles de esa sangre
Que ponen las vísceras
Para saciar el hambre y mantenernos vivos/
¿Cuál es la opción o el cerco recurrente
De encontrar a Dios en la naturaleza?
¿Cuál es la hazaña o el árbol en que debemos arder?/
¿Cuál es la cremación o el deterioro?/
¿Brazos de servidores entre los que he caído?/
¿De quién es el fuego que se excede?/
¿De quién los alambres?/ ¿la nieve?/ ¿los sacrificios?
¿O la necrofilia de la naturaleza?/ ¿las desventajas?/
Límite que traza el ojo derecho/ o el ojo izquierdo/
¿Qué va quedando en el cordel o en la rama?/
¿Qué caos consume el corazón que se aferra a las dispersiones?/
¿Qué hago con las yerbas o con el cáliz?/
¿Con el algodón o el cetro de mis padres?/
¿Qué hago con tanto poderío?/ ¿con armazón y reflejos?/
¿Con el cerdo sangrante en la parihuela mezquina?/
¿Para increpar o notificar las verdades
Si un muerto nunca es prueba de nada?/
Ni el vientre que se compra o se vende/
Ni esos festejos de Nochebuenas/
Dentro de ese nido *Barroco de indias arruinadas*/
¿Qué va quedando?/ ¿qué va saliendo?/
De todas estas *provocaciones*/

Lo que existe/está frente a mí y rebrilla en el límite/
Me desprendo para conservar el impulso/
Lo otro es manada/arterias oblicuas
Un cielo raso/ botellas en el mar/con un mensaje oculto/
Veneno rapaz para hacer llegar lo que existe/
Más allá de las costumbres/nada mitiga
Lo que va dentro del cristal/ acosa mi sueño y me libera/

Al lado mío se agita esa presencia/
Blanco catalejo que me transfigura la visión/
Roza o flamea/otros simplemente niegan/
Con la fría poquedad/como el día o la noche
En el envés/para vaciarme con cuchillos de alpaca/

Lo que existe y me neutraliza sin que intervengan ancianos/
Soy yo quien va a morir en alto duelo/abolido por la máscara/
Date prisa/ te pido en mi aflicción/
Dejen que les *dé*/todo cuanto tengo/

Lo que existe es el *imperio*
De esa sombra que prende y provoca/
Lo demás es percance/gris colilla/pavor/dureza
Permanecer socavado en el circuito/en la ceremonia/
Fila silenciosa de torvos inquisidores/
Reciedumbre que me concierne
Aunque ande fuera en desazón/
Tendrías que ver mis reflejos/
Tendrías que ver lo que veo en alta mar/
Agitarte en los manglares/tendrías que ver el nicho/
Hundirte en el lodo seco de ese cadáver que interpreto/
Medir las lágrimas/en redoma/

Cuando me empujas/me cortas/o zahieres/

No siempre soy el forastero/ni el esgrimista/
Voy saliendo/sin metáforas me fracciono con vital legación/
Hablan de decadencia/presumo que puedes guardarte/
Dejarme despierto en ese cementerio civil
Donde quiero despojar mi cabeza/
Del bruto atentado infeliz o donarle el oro al verdugo/
Como antigua forma de reverencia/

Indiferencia/Protágoras

He pensado en la muerte
Como un hecho -*seguro* - y no casual/
Crecí ignorando los lados vulnerables de una Revolución/
Viendo llegar los huracanes desde una casa vecina/
A estas alturas nada me resulta novedoso/ni constructivo/
Aunque esta palabra me resulte mecánica/como mecánicos
Somos todos los que hemos sido hinchados
Por el paso de los animales en celo/
Que ya no son aquellas bestias que hicieron *coto*
Dentro de esos techos que volaron frente a mis ojos/
Y me hicieron pensar en las extrañas muertes
De los antiguos filósofos griegos/
Cuyas ideas escapan ahora del olvido/
Salvo que todo me resulta *circular*
Como todos los actos que se suceden en mi vida/

Si pudiera decir algo diría aquello que me propongo ser/
He aprendido a ser suave/nuevo y generoso entre las sedas/
Escarbo –solo- esa humedad que me hunde
Cuando simplifico las cosas/
He visto cómo marcan los límites/
Cómo se levantan *algunos/*
Y se derrumban *otros/* en el panal/

Yo crecí ignorando cómo se parcela la distribución
Igualitaria de los bienes comunes/con el tiempo aprendí
A ser indiferente como Protágoras de Abdera
Aprendió a escabullirse de los puntos de vistas/*estrechos*
Que encontró entre los sacrificios
De Mitra o en los misterios de la madre/
O el padre de todos los dioses/

Y lo único que me importa es no dañar al enemigo/
Contenerme en ese precio que se paga
Cuando se perdona todo aquello
Que fue arrancado y no regenera
Como el hedor de las aves sin congelar/

He pensado siempre en cómo he de morir/
Y si algo de mí/puede salvarse/

Inmortalidad/Vetio Valens

Te conjuro venerable hermano
a que guardes cuidadosamente
estas enseñanzas en secreto
y a que no la trasmitas a los no iniciados,
sino sólo a los que son dignos de los mismos

Vetio Valens

A que guardes la gota rezumada de esa estrella que me absorbe/
Como prueba de fe o de separaciones/
La fe que no es prueba sino conquista de ir soltando los ejes/
De la flameante radiografía/ salir/entrar del ígneo pasamanos/
De la hirsuta flotilla/del cabestrillo hacia la cúpula/
Qué podré recordar cuando deje las marcas del horizonte/
Los andamios/o registre las barricadas/
Probetas de la masa que se duplica o se ahueca/
¿Cómo encontrar ese desapego?/
Confianza de ser indivisible en mi mudez/
¿Cuál es la paz?/ ¿la compasión por la cifra que se altera?/
Voy a brincar la tapia/hay una sola forma que me desvela/
Como la estrella/al dorso sin contaminarse con los muertos
Liban mutuamente el portaligas o se restriegan/

Digan que no pasa nada/y pasa todo/
Con el azogue o las plumas quemadas/
Para que lo sufra el aire o la capa de ozono/
Para que concluya la orfebrería/
Cada palabra en ejercicio de esa inmortal desintegración/
Sin que el otro me transforme/ yo perezca conjurado/
¿Qué darán por mí en la fuga salvaje?/ ¿cuál es el canto?/
Brújula o pólvora para detonar el camino hacia la cima/
Y revivir con la rojez del oro/

Un astro como vía/pregunten:

¿Con qué humildad hago ronda?/

¿Con qué filo corto raudales de esa sombra mandataria?/

No soy el espíritu de una piedra/no voy a convertirme en fósil/

Quedarme en el campamento/base de datos/fila kilométrica/

No soy el último/ni el primero/ni el resultado positivo

De la involución/piensen que alguien se fuga

Con el exilio de su propio cadáver/

Piensen que vivo en esa estrella/

No voy a invadir esos territorios densamente poblados/

Ni abrirme cuando cese el inverso sepulcro de la flor/

Crimen organizado/fatalismo geográfico/

Del hombre y su región/

Jardín subterráneo

Y después de arrancar la manzana de oro/
Sucedió aquello que nos convierte en mortales/
Pero más tarde se distribuyó el fuego
Para comenzar una nueva vida/
El ignorado nacimiento al que Jesús aludía
En su conversación con Nicodemo/
Pero antes de esa conversación Platón
En su jardín les decía a sus discípulos:
Iniciaos en el más bendito misterio y sed puros...
Luego siendo meticuloso el *Evangelista*
Musitó frente a los romanos:
Recibid el Espíritu Santo lo cual es retoño
O reliquia para entender
La Providencia del ser cuya lacia porción
La reciben los paganos/

Tras otras circunstancias he visto sobre el haz de las aguas
Espuelas que arrastran los cuerpos consumidos/
Con ellos también el Espíritu de Dios
Flotando sobre esas aguas/

Sobre otras circunstancias he visto cadáveres atorados/
Entre alambres/botines/difusas claraboyas/
Miseria de las aguas de la Isla de Lesbos/
Cuyas sombras desde un trivial-*Noticiero*-
Igualan la bajada de Cristo /a los infiernos/
De esas mismas aguas/purificadoras/

RECUERDOS/LAMPEDUSA

Sangra o sufre la segregación/
El desalojo de estos tiempos donde lo ordinario
Ocupa la médula del pulido buey que vive en el pasado/
Marca la hoja/mide la simetría/ la zona ártica o la flora
De ese pedrusco que crece/
Donde el futuro no tiene sedimentaciones/

Préndete de la falla estacionaria/
Lluvia que rueda con rachas superiores/traba los tentáculos
Como una colonia de bacterias *-condensadas-/*

Lávate como excéntrico molusco/ banquisas en el océano/
Como crisma espiritual/como antesala/
Vuélvete insípido/frívolamente metalizado/
Pon los ojos en la negrura/en lo que corta el bisturí/

Sangra por gotas/ como quien *lentamente* se decide a morir
Cristalizado/sirviendo de vasija/de ensayo/de atracadero/
De examen corporal/asistente al rayo X/o al veneno/
Sirve de blasón/ figura psicópata/
Rata en la parrilla –confinada-
Resiste el atropello/a orilla del pavimento
No caben más héroes/ni tarjas para tantos muertos/
Entiérrate duro para malograr la cosmovisión
Que se tiene/del futuro o del pasado/

Sangra por la boca/ prendido de las formas
Que asume el gato para sobrevivir/
Para que la idea no se pierda/
O brilles en ese espacio que algunos deseamos/

Sangra o véndete/en grueso pomo de mercado/
Veámonos a solas/ preservemos la sangre que se agota
Por efectivos militares/
Cuando no somos/ni hemos sido
Esos frenéticos/ciudadanos/leales/

Comunión/Cernuda

Había tomado la mano de Dios.

Luis Cernuda

El filo
De esos dedos que se amplifican para rozarnos
Y así provocar los efectos de esa fe que se sostiene
Cuando no hemos sido contemplado
Por esa tutela/férreas raíces de la patria protectora/

Pero he aquí que sigo prendido de la floresta/
Artesano en vivo con gloriosa pezuña
Reproducido en el fondo de la irreversible pesadilla/
Que me hace conjugar perfectos detalles del escenario/

Cada cual tiembla según la sombra que se aproxima/
Cada cual testifica según la gravedad o el miedo/

Yo/simplemente consumo ese vértigo que aumenta/
Propago mi pedido sin obtener el zumo primordial
Esencia que se pudre en la alambrada de los débiles/
Resquicio costumbres que inducen el furor/
Todo cuanto digo se hace perceptible/
Puedo vedar el cuerpo en la fosa/detrás de esos ladrillos/
Floreciendo en el patio/ *viendo* todo pasar/
Como pasa el mulo en medio de las tinieblas/
Como pasa un traidor delante de mis ojos/ y nada queda
De esa negrura que se aloja/ y solo me queda *fabricar*
Ese *imperio*/hecho para mí/ a imagen y semejanza
De un unicornio en el centro el cielo/
Como estrella contumaz/ fortuna o escarnio /
Voces que arrecian o disponen la suerte sobre mí/
Nada se ha dicho de esa realidad que un mar impone/
O no se ha hecho el duplicado febril
De la fuerza que me hace descubrir/los fragmentos

De esa vida/que intento disponer alejado de las olas
Como quien simplemente observa el resplandor
De los que se aproximan o se alejan por *inducción/*

Comunión que se hace/
Cuando somos –*ilusamente*- liberados/
Y uno se inclina para no perder
La mano que ha codiciado/
Cuando llueve y creemos
Que Dios es el pájaro blanco
Que viene
Y perdona/
Y con esa *mano/*
Finalmente/
Se puede/
Amanecer/

RAPTO DE MUERTE/ESCIPIÓN

Para que haya historia debe también haber secretos/
Pensemos que nos damos en inflexión sacrificial/
Que nos estamos yendo hacia el espejo
Sin misterios ni amenazas
A ver cómo se raspa el veneno del anillo/y se traga
Uno la lengua/o se combate en una aldea de muertos
Tan solo para marcar las diferencias/

El esmalte del anillo me ata/
Con *–él-* asumo los cambios de poderes/
Uno termina siempre acostumbrándose/ y cede
Porque la existencia de cualquier hombre/tiene sus misterios
Como la Historia/de ahí que cuando pienso en un cerco
Me deterioro/de ahí que me trastorno con letales destrucciones/

Debo entonces pensar en la llovizna crispada por el viento
Para lograr nubes anaranjadas/
Debo creer que una larva crece en la madrugada/
Que yo no quiero morirme sino ser raptada/
Como una crisálida*–descicatriza-* y sale/
Que quedaré incorruptible con el mismo salitre
Con que se acaban los hierros/

El mismo que Escipión guardaba en su anillo/
Mientras esperaba al único hombre que podía aniquilarlo/
Sabiendo que todos tenemos un acertado exterminador/

No se trata de un géiser/ni de un choque de resonancias/
Sino de esperar el desplome de los hielos/
El aumento de la marea/
La caída de los mundos–deformados-/

Esculpidos tras la sequedad de los litorales/
Donde puedan aplastarse los secretos/
Fino cuarzo del que sufre y no apela/
Como mismo aplasto las estrellas cuando cierro mis ojos/
Y veo el derrumbe del flamante caudillaje/

JABONES DE ALEPO/

Me anuncian que al norte de Siria/
En una encrucijada de comunicaciones/
A millas de la frontera con Turquía/
En el centro comercial/
Textiles/cementos/jabones/harineras/
En los barrios se conservan mezquitas/madrasas/
Antiguos caravasares/desgarrones de brazos caídos/
Selva corpórea de pieles –*vivas*- en sepulcros -sin inhumar-
Bullen como el loto/sin permitirme volver a encontrar
La lágrima de la niña cayendo entre alambres/
Sin pasar al otro lado donde queda el agua como almíbar/

Me avisan que están atravesando el foso/
Que no debo pasar como las almejas/sin ira/ni misericordia/
Que adentro están los cuerpos/con lozano diseño
Como espinas/enconados/y que el nombre de la niña no existe/
Ni el perro que estuvo en la fila/imprudente/
Que otros se pudrieron con estupor/con labios resecos/
Con la única palabra/que no se pronuncia/
Avisan que llegarán los divergentes/que hirieron pero se fueron
Como oscuros animales/lisérgicos/huraños/hacia la arena/
Soltando esos huesitos/ caramillos de bocas difuntas/
Expedicionarios frugales/con alcatraces/
Que continuarán aumentando/los que quedan/
Sin refugio/en el lodazal/
Pero he aquí que me retiro con la levedad de siempre/
Con mi rojo cerezo/ a vivir sin la importancia
De tener un doble o replicarme con la esperma/
De no vaciarme en el foso/ porque allí se pierden
Los libros de familia/el mar y los cielos/
La cadenita de oro de la niña desangrada en la cerca/

Allí solo entra el *carrocero* a llevarse las telas/los techos/
Los últimos tanques/las larvas del becerro/
Que allí hay Moscas/asesinos en serie/excrecencias pegadas /
Provocando la desecación de los suelos/

Bergen-Belsen/Ana

Escribe porque soñar asusta porque intuye/que igual/
Vamos en ese *camión* dominados por la peste/
Que no habrá regreso
Porque todo cuanto se *escribe* forma parte incisiva
Del sentido arbitrario del futuro o del presente /

No habrá regreso
Porque los brazos quedaron insepultos en el césped/
Aplastados por la pulidora/
Con el mismo espíritu de la egolatría/
Como una circunferencia
Donde todo se ensancha/ y se controla/
Solo nos queda acariciar la rata/
O hacernos un corte en la oreja/
Vernos caer como el botón se hunde entre las fresas/

No hay velcro que una
Los pedazos perdidos de la muñeca vieja/
O *kitty* es la rosada calcomanía
De una gata sin boca que adorna la gaveta/
No tuvimos un rostro/un gancho fiero /
Ni un *dossier* para salir de la celda/

Porque una celda es un campo donde crece la vileza/
Con la misma exudación de los ojos crispados/
O de la pelambre tiesa/
Porque no alcanzan cartones para tamizar las fosas/
Un diente de ajo para que no pasen/o no salgan de la litera
Ni de la cámara enferma/ sin tener una pared para escribir/
Sin temer una muerte –*gloriosa*-/
Porque pasan revista y después se vela

Con esa sensación extraña de no profundizar el eslogan/
De cómo *las tinieblas y el peligro se estrechan*/
De no profundizar sobre esas acusaciones del eslogan/
Un hombre como calamidad o camisas de fuerzas/
Un hombre frente a otro
Como materia- *indocumentada*- de reserva/
Porque en el humo se van los cadáveres
Como prueba milagrosa/ración de la fila sucesiva
Donde para entrar hay que entrar sin pereza/

No hay un círculo como islote/ni un hueco para encontrarte
Junto a los restos de un gemelo cadáver
Al que la nieve procesa/
Ni *Service room* para que a solas nos masturbemos
Con el sabor de la frambuesa/
No hay nada en el anexo/ni un ser superior que me diga
De qué sirve/que yo recuerde/o transcriba
Todo/cuánto/ una cerca me provoca/

ARDOR/SADE

Dolor ajeno nunca es dolor/
Se agrega o se incorpora como un grado a obtener/
También se envidia con ardor/con creces/o naves
Que se queman para dejar atrás los fieros argumentos/
Pedrusco quebrado por el filo/y la hojarasca/
Polos que se acuchillan por los amoladores/
Con el agua en los ojos/ estáticos/
Porque el alma al fin y al cabo es otra cosa
Lo sabe el carnicero y la mujer que se ofrece
Con doble profanación de aldeana global
O fuente viva de supervivencia/

Pero hablo del dolor que arde o queda vedado
Para el cordero en sorda llanura/ y observa a solas
Lo que queda en el fondo de la nave/o dentro del pozo
Que se restringe e involuciona/a merced de su gravedad/
A merced de la noche y la ruptura conceptual/
De los grados que ocupamos/cuando no queremos *arder*
Como ardió el zángano en la colmena/
Ni las tropas que compra un Rey /
Vapores de los mercantes solariegos/
Ni la harina en la casa de mi hermana/

Qué puede decirse del dolor/ pasa como un astro/
Un beduino/o un corcel/
Qué puede quedar de esa turbulencia/del padre viendo el vacío
Disparos que cayeron para triunfar y obtener el comando
Del que dispara o fusila detrás de las paredes/
Un tabique como versión aproximada del dolor
Que se expande en la arena sobre el cuerpo/ flácido o viril/
No somos neutrales como el centauro/

Ni nos asienta ese enredijo de flamboyanes
De islas selváticas/o esvásticas en la luna/
Toda virgen la lleva en los pies/
Igual en la garganta que conoce
El sentido general de la omisión/de los pecados
Con que se asume el silencio/ranura de ese dolor
Que toma o forma parte de los serafines/contenedor
Que nos lleva hacia el Gólgota/juicio o resquicio final/
Vidente que ha visto a los *verjeros* dando golpes perceptibles/
Construyendo un casco para esos disparos/
Que cayeron sobre el altar/
Sácame la ropa que vamos siendo ola/anafre/
Materia que se derrite por garras del que puede
Y todas las potestades/de ese *desapego*
Con las que se aniquila una sien/que reflexiona o cavila

Sobre el sentido del feto/o del cuerpo enredado
Queriendo ver otra luz/ figuras del semáforo –encendido-/
Otra iconografía/ persistencia que redunda
Como el atardecer/ríos para suplir las necesidades/
Vergüenza del cordero en rígida celda/quién crece así
En esa desplumadura que provoca un disparo/
Inducen restos caídos/entre un muro y un violador/
Restos de ese ardor o concesión/
Por cada palabra que se ha omitido/

LA TIERRA EXIGUA
II

Existe un éxtasis de oro
como viento altísimo,
sutil y puro
que si de verdad lo quieres
te aleja del tiempo y de la muerte.

FERNANDO RIELO

El libro de Oro/Saint Germain

El que conoce el poder de Dios dentro de sí
no tiene que temer nada de nadie.

El libro de Oro. Hermandad de Saint Germain

I

Toda hermandad la sustenta una doctrina/
Se comienza siempre por lo más difícil
Lejos de toda posibilidad
De comprender lo que une una cosa con la otra/

El agua de bacía arrastra el cuerpo de la mariposa muerta/
Veo en ese acto –*de prueba*- lo que va de un año a otro/
Lo que sigue o aumenta/ trasplante de una realidad
Donde la muerte no es causa que duele
Sino clara manifestación de que en el medio está el hombre
Con la extraña necesidad de hermanarse o someterse/

Comparar esta unión parece un absurdo/
Tanto el hombre como la mariposa
Se afanan por alcanzar el cielo/

II

Toda igualdad es un vicio que aniquila/
Se comienza siempre por lo rígido/
No temo enfrentar el adviento
De conocer el poder que bulle
Sobre la sed igualitaria de los mortales/
No temo enfrentar la sequedad
De ese vicio de estados -mentales-/

Dios también nos hace iguales al parecer

Aunque yo de esto nada aprenda/
Y mi cuerpo resiste el veneno
O la melancolía cada vez que Dios tributa
O lleva la voz cantante/cuando pregunto:

¿Qué es alcanzar el cielo
O sentirlo como el único imperio seguro?/

III

Toda fraternidad es un cerco que alienta
Aunque yo me transforme en adecuada suma que desconoce
Su tramo y consulta por dónde o hacia dónde va
Para salvar su amor/
O el sueño contumaz de la locura/*amor de verdad*/
Contra todo viento o cofradía
Cuando no sé si pueda quedarme/con la espinita/
De los que nada *tienen que ver*/

A veces siento reaparecer como un espectro de los Alpes
Ese sentimiento *Pseudointelectual*
Que me hace humano o menos frío/
Pedazo de mí que desanda por la línea más fina/
Nunca tuve la inocencia de ese sentimiento espiritual
Que me une al laberinto de los ciegos/

Sigo sintiendo el freno de los pacatos civiles
En el dopaje soez de la histeria
Y a veces/ni llaves/ni hormigas/ni refugiados en filas/
Ni revistas porno/o corriente –indefinida- /
Pobre de mí con escarchas en los labios/
Sigo sintiendo mi desigual forma de pensar
En todo lo que el tiempo/quita o concede/difícil de olvidar/
Porque tampoco la poesía ofrece soluciones/
Ni la mariposa muerta/

Ni nada de lo que nunca se puede recuperar/
Porque detrás de toda hermandad hay una separación/
Que solo puede verse en el hoyo de una aguja/
No hay cómo no estar/en la parte menos pesada
Con toda la materia de un desalmado/

Porque todo lo que brilla no es oro/
Sino misterio de los sitios *convertidos/*
Pueblo o submundo que de tanto hermanarse se hizo seco
En ese consumo/de la misma idolatría/

Pitágoras o los versos de oro

Haz pues lo que no te dañe,
y reflexiona antes de actuar.
Y no dejes que el dulce sueño
se apodere de tus lánguidos ojos
sin antes haber repasado lo que has hecho en el día:
¿En qué he fallado? ¿Qué he hecho?
¿Qué deber he dejado de cumplir?
Comienza del comienzo y recórrelo todo,
y repróchate los errores y alegrete los aciertos.

Pitágoras

Algún acierto transcribo
Sobre las altas –alas- del pájaro de estrellas/
Hiende brillo maduro/
Gasta en el cielo la pulcritud que encanta/
¿En qué he fallado para que ese brillo me hale
O agriete mi conciencia?
¿Qué no he cumplido en el trance sinuoso del día?

Comienzo a devorar los errores/ la cacería /
Frondoso dolor de apaciguar lo que yace sobre mis brazos
Como una exhumación antigua/
Llamo y me escuchas/
Difícil convocar al que se niega comparecer/

He llorado ecuánimemente/
Por la sangre que me hará caer/
Brecha que debo abrir cuando llegue el cuerpo previsto
Para aclarar mis errores/
Qué es un cordón tramando la resina de dos almas
–posibles-/
Turgente pájaro de estrellas:
De qué me alegro/quién dice que quiero amanecer/
Qué cosa me hace daño/ ¿Quién?

IMÁN/LUCRECIO

Yo vi saltar los anillos samotracios
y bullir las limaduras de acero
en un plato de bronce,
apenas pusieron debajo la piedra imán
y con pánico terror parecía
huir de ella el hierro con acerbo odio.

LUCRECIO. LIBRO VI.

Con *acerbo odio* quisimos forrarnos con los imanes/
Dominarlos y contenerlos/ escindirnos halando las llantas/
Jarros rígidos/ tijeras fruncidas/ monedas raras/
Ollas vacías/ radios viejos / vasos duros/
Las aldabas de hierro/ los fogones secos/ relojes muertos/

Con acerbo egoísmo retener los cuerpos/llenos de aceites/
Ahogados en copas y alfilerillos/uniendo cabezas/
Pegados en papeles de cartucho/para poseer al ovejo
En el extraño sacrificio/

Con iluso equilibrio cambiamos el oro por municiones/
Proyectiles por pieles humanas/
Mis dedos por grotescos martillos/

Con acerbo–egolatría- apresamos las bestias/
Prensamos la lengua en limaduras de acero/
Fundimos los anillos/las medallas/
Nos corrompimos con voraces latoneros/
Pero ahora comprendo que nada tiene más valor
Que desprendernos de todo aquello que halamos/
Que nada tiene más valor que halar
Todo aquello que perdemos/

Carl Gustav Jung /o
el secreto de la flor de oro

¿Cómo se puede lograr que el corazón repose?

Carl Gustav Jung

La vida como una posibilidad
Canalizada para permanecer como una lata en mis abluciones/
Queriendo o degustando frente al blindado genocidio/
Llanto que vierto como hilo de acero en diáfana ramificación/

En vez de músculo soy losa furtiva/
En vez de carne extinta fotografía/

Me broquelo –tristemente-
Tenía que decir/lo que quise decir/lo que no pude/
Sangrante metamorfosis para la flor que se convierte en oro/
En pasto o líneas de inanimada recortaría/
Cabalgación de mis ácidos/del ritmo anquilosado/
Vacío que escarba –ignífera- vena latiendo
Por tragante mampostería sin que pueda calmar
El primitivo deseo de estar: *fondeando la huella*
/la germinación/
Ácimo del pétalo descomponiéndose
frente al interminable regadío/

¿Quién quiere reposar un corazón?
¿Quién se apura a revelarme el recorrido?/
Dilatado curso para avanzar/coagular la inerte cobardía/
Amar o creer/ perder o asimilar/
Vicio –sustentador- de seguir viviendo/

Tales de Mileto

Tuve un ámbar
Traído de los oscuros bosques de Malasia/
Un día me fue arrancado sin posibilidad de encontrar
La antigua resina que paladeaba mi lengua/
Solía pedir que después de muerto fuera arrojado al fuego
Como acto depurativo/

Me convencí que con esa pérdida –quizás- salvaba mi vida/
Que hubo un canje extraño preconcebido con dolor/

Que de un ámbar no solo se obtiene el fuego
Sino la hipnótica luz
De esos misterios que jamás sabremos/

COMPROBACIONES/HELENA BLAVATSKY

Desde la caída del género humano,
la materia es un espeso muro interpuesto
entre el mundo terrestre
y el mundo de los espíritus.

HELENA P. BLAVASTSKY (Isis sin velo)

De las definiciones se desprende todo/
No entiendo el impacto del muro interpuesto
O el entrecruzamiento del ente curativo/
Obsesión que me lleva a reproducir las cosas
Para que nada se pierda o se malgaste en el risco/
¿Quién y qué es Dios?
¿Cuál es la gota del todo que procede?
Alboreante encantamiento/naturaleza carnal/
Irme de lo eterno a lo transitorio
/de aquel o en aquel/
Todo es doble y salvaje/todo viene hacia mí
Y me reconstruye con perfecta ferocidad/
He comenzado a elevarme por encima
De las quemaduras habituales/por encima del encono
Cuando intuyo finalmente la ambivalencia del agua/
Cuando uno siente la ondulante metamorfosis
/diatriba del muro
Y se niega o se contempla
como los dioses/ensimismados
Esencia de esta vaguedad/traslúcidos espasmos
/inciertas ecuaciones/
¿Acaso hay sombras que desdorar para aplacar el miedo?
Después de la lluvia caen los nidos
y eso me compromete/
No me quejo del vacío que encuentro entre la imagen
Del pajarillo muerto o el gato mordido
por la misma muerte/

Menudos reparos de todo cuanto va cayendo
O dilapidándose en lo oscuro
/sensación perpetua de creerme vivo/
Fuerzas acumulativas del mismo deterioro
/sensación del reciclaje/
De los mundos comevidas ignorando que me incluyen
/demasiadas nubes/
Demasiadas pequeñeces
para sentir el arbitrario duelo
/del todo a *Él* nada/
Preeminencia de lo que existe
y no quiero reprobar/

Estación Central/Elizabeth Smart

Había un ribete en mis ojos
Para creer en la mansedumbre del carcelero/
Curvas/sombras y desilusiones
Para creer que alguien brinda su ayuda
Sin pedir algo a cambio/o sin vacilaciones/
Nadie es inocente para no imponer su precio de mercado/
Todo el mundo hiere/todo el mundo trafica/
Todo el mundo pierde o llora en las estaciones/

Guárdenme una silla/o concédanme el merito
De ver correr las aguas residuales/hay aguas que arrastran
Pubis imberbes dañados por los ancianos/
Guárdenme esa página que me ayuda a soportar el ambicioso
Pedido del carrocero/
Recuérdenme que:
Las leyendas aquí son de vendetta y suicidio,
profecías y mensajes sobrenaturales.
Antes de que los presos construyeran la carretera,
muchas mujeres empujadas por la soledad
se arrojaban al océano.
El carrocero es el fantasma que ofrece comida de hospitales/
Debí solo darle el cuerpo
y lavarme como se lava un pez –helado-
Con agua hirviendo para arrancarle las escamas/
El día engaña, pero de noche
nadie está a salvo de alucinaciones/
Durante el día todo se soporta/
Pero en la noche el fantasma desanda
Y exige su precio de mercado/
Y convida a mover las ruedas del carruaje/
Ruedas que al moverse me hacen despreciarme/

Y veo cómo el pájaro blanco viene a desnudarse/
Y veo cómo orina/ ordena/ llora/o condena
Cuando no se accede al precio que impone su mercado/
Y es ahí cuando
T*odo el mundo acepta. Todo el mundo hace concesiones*
Cuando se desea el oro/
O un sacrificio se hace/por causas mayores/

En la lápida se lee: *Los que se fueron ya no son/*
Tampoco son los que se quedan/esas criaturas
Que imploramos/o bien por los vivos
O bien para librarnos de los muertos/

El secreto está en contenerme y cerrar los ojos/
Saber que todo cuanto se pide tiene un precio –árido-/
Cada deseo arrastra un golpe-insano-/
Cada deseo nos lleva a la destrucción/como todo
Lo que aporta un cambio cuando se pide con extraño pavor
Por esos seres que hieren/y uno cree
Que así se puede disminuir la condenación eterna/
Comparecer en la fila angosta/excesivo riesgo que se paga
Cuando se pide claramente
Lo que puede salvar a un hombre que ha sido doblegado/

Porque ningún hombre puede saberlo todo/
No existe tal nitidez
Como la lluvia límpida nace del cielo oscuro/
Como una cadena se oxida/o se llena de flores/
Como prueba de esas tasaciones/ de atasco/ sacrificio
Del ave/bocabajo/abriendo la sobrevida-luminosa-/
Un pie sobre otro pie/sobre esa lápida que te advierte
Cuánto vale lo que se quiere/
Cuál es el canje por este orden
Desigual/

TASA DE INTERESES/ROW MUECK

Pensar o ver el mundo como una gallina/
-*Artísticamente*- colgada de una soga/
Muerta y helada/pero risueña/
Pensar–procazmente- como el gentilhombre
Que se acuesta con la vecina/de otra vecina/
Que primero fue su amante –mayor-/

Todo cuanto pasa en derredor pende del efecto *demostrativo/*
Desvío que se instala entre lo que existió antes/
Y quedó sin *perdonar* en el acto inmundo de la vida
De cualquier cernícalo que se *desangra*/
De las provisiones/o el *interés* que busca el gentilhombre/
Sedimentando el vientre de la vecina que humilla
Con plumas –oscuras- después de haber arrasado
Con todo cuanto *posee* o se le *quita* a un animal/
Como si esa gallina de tono risueño
Fuera la masa proporcional del mundo/
En esa frontal descomposición que la muerte propone
Y el desamor también/
Con las alas inversas/ el ave-desplumado-
Puramente femenino para que la vida misma
Que uno tiene duela aún mucho más/

Entre el sol naciente/los días perdidos/o el sol que muere
O la noche húmeda de ese cadáver que el amarrado animal
Adquiere o interpreta/muerto que prensan
Con un garfio en la espalda y su nombre cuelga por demás
Desde el dedo gordo o puntiagudo del pie/

Vendedor de Mariposas/Marcel Proust

Asumo
Que solo soy dos piernas que se sostienen en la tierra
Me dice el vendedor de mariposas
Con riesgo las conserva en los cristales
Queriendo probar vida por otros mares
En lugar de mencionar raros nombres para impresionarme
Y hacerme ver las formas genuinas de la belleza/
Paso mi dedo por el cristal que exhibe un extraño polen
De alas muertas/
Ya no soy lo que quise haber sido/ni tuve
Lo que dejaron los equívocos/
Con dureza me arropo/y maquillo/para suplir el vacío
Que dejaron las ruinas de ayer/voy/digo/o llego/
Después de haber quebrado las posibles ilusiones/
Vicio de creer que llegamos *apresar* esa felicidad
O confianza en el que llega/
Se han ido todos/mientras yo me he quedado
Con gráficos para el olvido/
Qué es esta mitad o esa sobradura/
Qué es vivir lo suficiente
Para atrapar colores que cautivan/
Soledad o acompañamiento/de insectos que yacen
Para ser vendidos como finas obras de Arte/
Qué han dejado para mí que estoy muy lejos de esperar
Lo que otros han recibido/
Cómo acceder a los pasos/encontrados/o perdidos/
Rescate para obtener esos brazos que puedan levantarme
Antes o después de la llovizna/
Después que cae un avión en un maizal/
Como poda cruda que se hace en otoño/
O ver un filme donde la niña es la que mata/

Cualquier *estación* donde *pueda* podarme hacia dentro/
Invicta pupila que te alcanza/y ve cómo un hombre llora/
O se queda vaciado en la cama/
Sin preguntas ni reprobaciones/
No importa esa fecha/esa estría/
Ni la seda que queda –interpolada-/

El vendedor de mariposas insiste
En las formas genuinas de la belleza/
Yo estuve llorando en la noche/sin que *ese otro* entienda
Por qué se llora/por qué la niña mata/
Las mariposas son compradas por otras manos
Que no entienden el daño oscuro de la belleza/
Yo sigo ahí esperando a que llegues y me digas:
Qué ha pasado con esos bosques donde aleteaban
Lo que ahora es fuente hermosa de consumo/
De esa muerte amarilla/que nunca/ se agota/

Leopoldo María Panero me escribe

A José María Cotarelo Rodil

Que *todo hombre es un castillo de una princesa muerta*
Y eso me asusta porque no hay acontecimientos personales
O porque nadie transforma
La exigua luz para armar mi visión del futuro/
Imagino que estoy alcanzando la pradera
Donde alguien punza con satisfacción mi olvido/
Quiera Dios que si muero
donde estoy no se vea y haya solo leyendas
en torno a la princesa caída/
Libre de aves de rapiña/de sombras comatosas/
Entre ella y yo media el muro de las pruebas/
Los últimos sustratos del ciervo que busca
Todo lo que un hombre va cediendo/
Entre ella y yo media el espanto. Soy proclive al enojo/
Prefiero seguir *ca-yen-do* en la ensenada
Para no sentir el pánico atroz de exterminar
Al carrocero/anciano menudo que aceita
Ese látigo que debe caer cuando suelte las riendas/
Dicen que el mundo se divide en dos
Tal vez yo no sepa dividir las cosas/
Sigo debajo de la luna viendo cómo un cadáver repta
Las formas inequívocas de ese castillo
Donde no he podido entrar ni salir/
Porque allí reina el pétalo oscuro/
Porque allí el lodo se pega sobre el rostro de la princesa caída/
Y mi carne sangra para las bestias/
Todo cuanto digo se seca en el muro de las pruebas/

Lloro sin que me inmole con *la sed de la princesa caída*/
Sabiendo que todo Imperio tiene su lado débil/
Que alguien volverá por ella/
Porque ella es la legítima prueba/
De que *sólo es hermoso el pájaro cuando muere/*
Y eso es un riesgo infeliz
Como esa vejez que entra por mis venas/
Y eso también es un modo de morir/
De pegarme al lodo/podrirme o transfigurarme/
Aunque *haya solo leyenda para la princesa caída/*
y arrojen en el vino la ceniza/
Y ella no muestre por fin los terrores/
Sino la belleza del pájaro que sobre la doncella muere/

Libre Albedrio/Erasmo

De repente en Holanda sale el Monje
A destruir el secreto de la locura/
Las compuertas se rajan/
Aumenta el sopor que lo llevan a ver
Cómo se transfiguran las aguas que brotan
Dentro de esos canales dejando a ciegas el mar/

Y es así cuando entiende
Que la locura consiste en ignorar lo que somos/
Lo que vamos viendo o dejando espolvorear
Como la bolsa de té de un día para otro con olor y crudeza/

Pero un loco siempre es otra cosa/un estigma/un lucero/
Un acto de seducción como la rosa que ha sido edulcorada
Sobre la piel de una doncella/
En realidad se puede decir que la locura también
Es una isla que se va vaciando
O separando de la memoria transida de unos ancianos/
Terruño que marcan atroces centinelas/

Una isla que encaja con los muros/
Las grietas o las amarras/
Con el fondo de las mismas aguas
Donde vimos/con miedo crecer
Tanto delirio de grandeza/

¿A qué se debe la alarma?/
Tan solo la aprensión por la verdad/
¿Te sientes seguro de ti mismo?
¿Cuántas son las variables ocultas?
¿Cuántas reglas para mediciones?

¿Puedes inventar más historias?/
¿Llamar la atención?/ ¿hacer el duplicado?/
¿O actúas como si la vida fuera
Un día entero en solemnidad?/
¿O escribes sobre esas cosas que nunca dirías
En la vida real? / ¿O son los generales quienes escriben
Sobre el peso corpóreo de la vida real?/

¿Por qué te irían a preguntar?
Esas cosas de la nube negra golpeando como un tornado/
¿Por qué esconderte o simular?/episodios
Del naufrago que se escabulle con impaciencia en un espejo/

¿Por qué esos pasos hacia esa ruta menos parecida/
De la línea frontal?/¿de los vientos caídos?/
Rachas que se perdieron/

¿Hacia dónde va el hombre?/
¿Hacia dónde el verdugo que se esconde bajo el mismo cielo?/
¿Por qué esa alucinación de generales que escriben?/
¿Por qué ignoran quién eres?/

CÁMARA OCULTA/MIAMI

Hermoso lucir: ocultos/enmascarados/ enhiestos/
Saltando por la trampa/
Mi mano es negra/hinchada por el mismo suero/
Pugno en las cámaras/escapo con la música
Que me concede la reproducción del personaje/
Interpreto el dictamen/ SOS me anestesian/
Es más fácil irse al mar/
Es más fácil decir que llego a Miami/ que me reinicio
O que vuelvo/ después de perderme/
A encontrarme con mi voz/

Despierto y hago coro/
Despierto y soy esa balsa/vencida/
Despierto o ya no soy/del mismo lado/
Llovía/En la madrugada/
Qué es
Me gritaron los muertos/
una vida
y yo les contesté/
Después
Que se pierde/

El tiempo perfecto

III

¿Por qué esta placentera esperanza,
este hondo deseo, este ardiente anhelo de inmortalidad?
¿Por qué el secreto temor, el íntimo espanto de caer en la nada?
¿Por qué se encoge el alma en sí misma
y tiembla a la sola idea de aniquilación?
Es la divinidad que en nuestro interior se agita.
Es el cielo que señala nuestro porvenir
y revela la inmortalidad del hombre.
¡Oh eternidad! Encantadora y pavorosa idea.

Addison

Desacato/ Samuel Beckett

Ignoremos por un rato las diferencias
Entre ser cultos o ser inteligentes/
Acabo de ver un lagartijo adentrándose en la pared/
Como si dentro de esa ranura
Desapareciera todo rastro de aniquilación forzada /
Y no hubiera formas de gobiernos/ cercos /mandatos/
Polos opuestos/ ni divisiones/
Crece o decrece la población mundial/ el deshielo
Y las bolsas de nylon donde llevamos *todo*
Lo que ni siquiera/me conmueve/

Cualquiera
Entiende el desajuste de las pruebas nucleares/
Cualquiera se hunde en el pantano/
De esa zona vertebrada/ que domina o te hala/
Cuando el lagartijo entra y sale de la ranura/
Con el mosquito en su boca/y yo me asombro
Por el equilibrio de la especie/ por la hegemonía
Del anuncio en la pared/ hombres que se postulan/
Y se encargan de la vida en los cristales/
Como si todos entráramos en la misma bolsa de cremaciones/

En el mercado desaparece la canela le digo a una mujer/
A ratos vuelvo a leerme ese asunto de las diferencias
Entre ser cultos o ser inteligentes sin hallar un paralelo
Entre la miseria o el terror de las hojas
Cuando van cambiando las perforaciones/
Yo no sé cómo entra el agua debajo de la piedra/
Cómo permanece el salvavidas en el telón/
Cuando todo se lee al revés/ espacios
Que los mandatarios se disputan/

O se llevan las reservas que cimentamos/
Y el travesti se inocula/in vitro el huevo del reptil/
Pensando cómo nace o se forja una nueva raza humana/
Más virtual/donde no extirpen los batallones que quedan
A esas guerras que se concretan al final del pasillo/

Es mejor hacer shopping le digo a la misma mujer
Que quiere edulcorarse la canela por su piel/
Otra forma de sustentar la vida/
No necesitamos saber cómo se desnuda/
Se ofrece en la sequía/
Yo sigo apostando
Por esas absurdas diferencias de clases mentales /
Cuando la mujer ofrece su vagina/
Sabiendo lo que ha de suceder en la frazada que pone en el piso/
Y se orienta cuando experimenta el desapego
E intenta s*obrevivir* en ese orden nuevo mundial/
Riesgo o impacto que encuentra el lagarto
De extraño modo fertiliza el vientre del travesti
U/otras operaciones
Mientras/aumenta el camuflaje/de *ese mundo*/
Que (des) construimos/
Y las venas/de esos hijos/se pierden con las drogas/
Y la lucha mezquina de separaciones/

ROBESPIERRE/ LUNA DE SANGRE

¿Quién te dio el encargo de anunciar al pueblo que no hay Dios?
¿Qué ventajas hayas en convencer a las gentes
de que una fuerza ciega preside sus destinos
y al azar igualmente flagela el crimen y la virtud?

ROBESPIERRE. Discurso del 7 de mayo 1794.

En su último día Robespierre
–Vio- desde su lecho una luna con vetas de sangre/
Que reflejaba su faz desde el patíbulo/
Luna de sangre para el enemigo/gritaba/
Luna siniestra anda conmigo/
Entendí que esa luna se ahogaba en su sangre
Para salvarme del horror/
Entendí el llanto de las cabezas cortadas
Goteando sobre endebles cabillas en siniestro cordón/
Halado por los asesinos y que esa sangre corría vertiginosa
Para servir de abono a la cosecha de trigo/
Y así alimentar/habitualmente/a los gobernantes de turno/

Desde siempre he visto todo con los ojos de la cerradura/
Me expongo sin que me devoren
Transformado por la urgencia del verdugo/
Desde siempre la sangre es sinónimo de ambivalencia/
Depende de la insistencia/del que confirma/
Del que corta o impone las condiciones/ desplazamientos
Del rojo que contrasta con lo eterno /
Horda de la sangre purificadora que impacta
Por distintas razones/
No nací para vivir frente a un río inmóvil que se iguale a la sangre/
Prefiero la niebla que valida mi resistencia/
La lasitud del cemento que maciza mi hogar/
La exuberancia del acero/
O los tubos que me impiden revertir como Cristo el temor/

Lo peor es saber que me he levantado
Viendo cabezas degolladas en apócrifas carretillas/
Que se igualan a las mismas que rodaron
Por los ojos de Robespierre/

Lo peor es que siento esa fuerza ciega que alienta a los matones/
No necesito entender que es mejor desangrarme
Para no doblegarme/
Son posibles otros descalabros/y eso me intranquiliza/
Hoy un día de mayo meramente lluvioso/
Cuando el azar flagela esta horrible coincidencia/

Zona franca/Santa Teresa

El control es solo una ilusión/
Un nudo que con facilidad se destraba/
Le dice–tranquilamente- la mujer
Al hombre que secuestra un avión/
Somete a los tripulantes con miedo/
Venciéndolos con -bombas- que parecen limones viejos/

En mi cara rueda -una *lágrima negra*-/
Como ofrenda incitadora /otros edificarán la ciudad
Y ellos serán acompañados por las flores
Cargando esas raíces que se irrigan por el cielo/
Pero en el cielo remueven un pabellón vacío de nombres
Que quedaron insepultos entre los escombros del rascacielos/

Yo me ofrezco a salir del bosque negro
Con los ojos dragados por las explosiones/
Me ofrezco a poner el dedo sobre ese libro/
Donde queda inscripto
El significado oscuro de todos los errores/
Escribo que los muertos no conocen el miedo/ni sienten la lluvia
Ni las uñas pegadas en el fuego/
Escribo que aquí todo me espanta/inhibe o me pulveriza/
Que escucho la lengua del ciervo –reprobando- /
Que no voy a vedar las sombras de esos muertos deshechos/
Sin posibles derroteros/
Escribo que aquí todo me turba/ cancela o me intranquiliza/
Que no dialogaré con esos rostros/ ardiendo /
Con gases metidos en los riñones/
Sin pedir que yo entrara con la luna/
Les diera la doble vida/o el fundamento
Para buscar en mis entrañas pedacitos de espejos/

Los límites de desnudarme desde una inhabitable oscuridad/
Donde solo veo estrellas atravesando las paredes/
La mezcla de ironía/resortes del hombre
Que desactiva las bombas/y está quieto/
Sin dar tregua/arisco/a mitad del día/carcomido por la bestia/

Mientras nosotros estábamos almorzando los mismos frijoles/
Y escuchamos a la mujer gritando
Terrible thing/terrible thing/
A bordo/ cancelando los vuelos/
Dando de comer huesitos vírgenes a Santa Teresa/
Ajenjo sobre esas planillas donde el otro controla el otro/
Donde la lista queda vacía/
Sin saber que es solo una ilusión óptica/
Un formaldehido de cabezas cayendo/
Sin causas innominadas/ni cujas para entrar al cementerio/
Sin saber que no hubo un muro/ ni un ave/
Soplo para despertar a esos muertos/
Deshaciéndose en el aire como un espejismo
virtual-/
Sin saber
Que la muerte nos entrena poco/
Que aquí *rodamos/*

JAULA/ERZA POUND

Un prisionero causa siempre cierta compasión
Aunque uno no se comprometa y siga ignorando
Cómo pasan los días sobre la espalda de un reo/
Y crea que hay un tiempo que cura todo/
O sirve como prueba redentora/
O prueba de resignaciones-/
Es difícil saber lo que piensa un prisionero/
Lo que escribe o rasga en las paredes/
Por falta de elementos
O acto sublime de transformaciones/
Al final una cárcel se asemeja a una isla
Donde solo se puede escribir sobre la arena
Aquellas estrofas que me azoran/
Como industrias comunes o modo de extracción/
De esa memoria que se desquicia presa
Como una bahía dragada o descompuesta
O un volcán se pierde
Dentro de una selva sirviendo de cónclave/
O de prácticas militares/
Pero a Pound como a mí lo metieron en una jaula
Como mismo se encierra un gallo/o un padre de familia
En ese criadero que forman las heces –cianóticas-/
Lo cercaron como una estaca en la garganta de un lagartijo/
Como un esquizoide lo alejan de un funeral/
Lo recluyeron y nada se produjo/como nada se produce
Cuando un hombre enclaustrado
Se muere de cáncer o se inocula
Un virus con doble semilla por sus narices/
Así se irá pudriendo porque así también se va directo
Hacia las ruinas/sin hacer resistencia/ni transacciones
O ahogarse en la sangre que trago

Cuando veo cómo se encierran las ideas
Que puedan/o no salvarnos/
Cómo se sufre de impavidez/o se vive sin rumbo
Dentro de esas hendijas/que no ceso de contemplar
Como mismo Pound contempló
Lo que queda después que concluye
Una guerra *económica*/
Y es encerrado por carecer igual que yo
De claras convicciones/

Versión de un mismo poema

I

En el imaginario de Erza Pound
Se establece la palabra *encierro* como punto germinante/
Frase que se alterna para llamar la atención/
También como atributo/ signo de ruta continua o inversa/
Erza Pound aclara cuanto apestan los peces cianóticos
En esa bahía que ni te aleja/ni te acerca/
Porque viendo que no se puede pasar
Se comprende que toda privación es una utopía ineficaz
O una ridícula forma de venganza colectiva/
Si yo he visto desfilar por esa bahía
A todos los que gritaron/cuando/simplemente/
Se quiere /salir/ileso/ de una jaula/vacía/

II

En el imaginario de MHA se establece
La palabra encierro como forma de presión hidráulica/
O torrente de agua alrededor de un archipiélago poco común/
Cuya bahía o pueblo/o polvo-duro-llega ser la compuerta
De una casa como muestra/o soporte de estar venciendo
Lo que se considera que puede ser/o no la vida/
Dentro de una jaula/*segura*/
Cuya única/diferencia/entre Pound y yo
Radica en que él pudo salir *ileso*
Mientras yo me quedé a oscuras/

La Guerra y la paz/Tolstoi

En la sala conservo los retratos/
El zar es la imagen que se reserva o se deteriora
Según las lluvias o el paso gradual de los vientos/
Por aquí pasó el que antes vino/yo llegué sin sentir su rapor/
He estado gastando las uñas sobre un limón/

Reconsidere
Que entre la guerra y la paz media un hilo fosforescente/
Entre la guerra y la paz
Están los vencidos proyectando su retorno
Parecidos a la luna/al barco disoluto o a la cajuela de cristal/

Yo no cambio oro por estaño/
No me glorifiques con ligera calcomanía
Sobre el canasto de lentejas
Con que se cambia por hambre un poder/

Heme como el cisne que sale de la oscuridad
Con las manos vacías/ ¿Quién se deposita?
Sobre esos retratos manchados por oscuros mosquetones/
¿Quién aguanta las palabras?/ frialdad de permanecer
Dentro de un busto o de esos panteones/
No me beses de ese modo corazón mientras exprimo el limón/
Escarbo en la raíz extraña trashumancia/crudo declive
Axiomático cavar/sin la menor prudencia/
Es de día y estoy abigarrado
Celosamente dispuesto a entender
Cómo se sobrevive en la guerra/cómo se arañan las nubes
Y uno se *autopropaga* para envalentonarse/
Es de día y siento al que antes vino y gritó por mí
Sin que pueda esclarecerme

El significado mezquino de la guerra
O de la paz que se obtiene con la niebla/
Con la tinta descolorida/ abre paso con incisura brutal/
Qué es padecer con efímeros fantasmas de esa guerra
Que nos compromete/ nos individualiza/
Conmensurable distancia/ combate de cuerpos cayendo
Con viejas muselinas/sin prosapia/ni anguilas
Ni rostros enchapados en la cadena/
¿Cuál es la aldea que gana?/entre pegotes de sangre
Inmunes hemorragias/bastiones de gorriones cediendo/

¿Cuál es el silbato?/ ¿el ruido?/
¿Socavación de aldeas que pierde?/
¿Cuál es la deformada advertencia?/ ¿concienzuda fuerza?/
Humedad de algo que quede por pasar/
En esa sala donde los míos conversan/
Obedecen en público/y desobedecen en privado/
Sala llena de muertos donde conservo los retratos/
Fase ciega/de carne sacrificial
Que queda blindada/en las monedas/

TROYA

De espalda a la salina/
Rito impensado para aplacar los cascabeles/
Expresen que espanto a las codornices/
O estoy como una lámina interpuesta/con mi chacra hervido/
Que prefiero ver la tumba del Rey Aqueo/
O las sombras inversas/
La guerra puede ser una afirmación de la belleza/
Un manto puro/espiga que se oculta
Para resaltar lo que al final importa/
Agua que brota/traducida como fuente de belleza/
Inocencia de los que acuden a brindar sus cuerpecillos/
Sus párvulas lisonjas/
Ir más allá de la equivocación a la muerte/
Sin ansias de regreso/por conquistar lo que no se sabe/
Estados equivalentes/de la degradación al frío/
Hoguera para el miedo/
Ver que todo arde de lejos/y no hay que rendir tributos/
Sólo guerrear/ mostrar la soledad/sollozar en la arena/
Batir salvaje/de armazón o rifles/ lanzas o flechas/
Naves perdidizas/cañones ciegos/metrallas/tanques/
Arpones/cordones de fuego/puentes/espinas /
Trampas o cohetes/bombas para que no pasen aviones/
Éter de las pieles/alambres o redes/ nombres que se repiten/
Se enumeran/medalla para el cuello/
Medalla para redondearse en cero/ registrar al héroe *conocido*/
Cuantificado por cero/coto corpóreo/labiada suma –abandonada-/
De espalda a la salina no veo cómo mueren/se salvan/
Trafican/ trozan/ torturan o intercambian a los rehenes/

SCHOPENHAUER

Afirmó de modo irritante
En medio de una estampida de nieve –sulfurosa-
En una plaza de Múnich cubierta de tulipanes rojos
Que la coexistencia de la materia y de la fuerza.
O el universo
Es la Voluntad del inverso oro
En un sujeto cuya conciencia existe/

Esto quizás no es claramente lo que dijo el presuntuoso alemán
Sino una aproximación que me incita a rebatirme
Imaginando un –lago- donde pueda –libremente- balbucear
El sentido extremo de una *Voluntad* afirmada en el decoro/

Caminé todo el mediodía y de lejos vi
Los ojos terribles del caballo con el mismo desprecio
Con que miran los de arriba a los de abajo/

De lejos creí clarificarme con la –prueba- de creer
En un *Sujeto* cuya conciencia existe/
Puede parecer una alarma/
Una endoscopia en la mente muerta/
No es lo mismo empaparse con la nieve sulfurosa
Que estropearse con el sol del Mar Caribe/

No es lo mismo abrumarse con los ojos ruinosos del caballo
Masticando mi doble pesadilla/
Pareciera que estoy en otro lado pero no/salina arriba/
Con el barquillo de harina –rancia-
En los miserables contenes deshidratado por el humo
Buscando al hombre cuya conciencia se iguale al oro/
Puede parecer una bomba de acero/

Un proyectil sobre el cielo de Ucrania/
Un nido subterráneo de tortugas tropicales/

Cada cual tiene la conciencia que alcanza/
Conciencia que no es memoria/ sino espuela/
Cuévano/rábano escabroso que arde o duele/
Conciencia que nos es experimento/
Conducto del sentido que media entre el mal o el bien/
Desagüe donde guía la bestia de carga/
El paso por el sumidero/

Conciencia que no es llanto oscuro/
Sino acto de estar en un solo lado/
Absorber lo que sale de los ruines/
O del Altísimo/y–*contenerme*- en ese embrión
Para no servirle a dos amos/

Pareciera que me domestican
O que pudren el hueso de mi cara
Que es como sentir la conciencia –*encendida*-
Por todo aquello que debo –*eliminar*- hundiendo el catalejo
Con monolítica conmiseración/y sin reserva –*señale*-
A un sólo hombre con conciencia de terciopelo/
Cosa que entiendo cuando finalmente dono
El barquillo de harina al caballo/ y después me alejo
Pensando en los diferentes grados de la *Objetividad*/

ANIMA MUNDI/VAN HELMONT

Busco entender la forma terrosa
De una *voluntad omnicomprensiva*/
La voluntad/genuina subsistencia de los espíritus/
La voluntad /pútrido órgano al que cortan en el regadío/
Con agua turbulenta/para examinar
Abultadas magnitudes de esa voluntad –sumida-/
Que no es la mía/no es mandril/ni la copa que tu derramas/
Sopor/vinagre/almuerzo en los pedregales/carbón/volcán
Petróleo/falso techo/

Voluntad que no es la de caer/
Difundir la secreción de una rosa/
Esqueleto del mamífero segregado/monte o muralla/
Destierro clandestino/voluntad que no es la de morir/
Volverme polvo de contrabando/reciedumbre/
Noche/hoguera/espasmo frío/pájaro crudo/o altamisa/
Alimento para los mortales/voluntad que no es aquella/
Madrigal/candil/ polifonías del abarcante cielo/
Metamorfosis/ vidrio o sal/campo muerto/

Voluntad que no es la de resistir/sino la de claudicar/
Avanzar/remar como el buen arador que hacia atrás no mira/
Voluntad de ascenso/ de exhumación/de fuerzas /
De nadar hacia llanuras estivales/antesala de precipitar
La débil concurrencia/de matar si es preciso/en la rama/

Voluntad de la imago/de los derechos/ de la adversa familia/
De olvidar el miedo/ encontrar *la voluntad posible*/
Caravana de esa voluntad/del manantial/
Ambiente para lo desconocido/
Voluntad/ perpetua clarividencia/ memoria de acero/

Cobre derretido/ pulsa/ mundo solo/ de los fines/
Girasol nacido/
Ánima que se individualiza/para formar parte/
Desigual/ambivalente/de ese todo/

Temperatura/Hermes Trismegisto

Él que promete no es precisamente el que cumple/
Da lo mismo subir que bajar/simplificarse
En la cruda temperatura del adiestrado maniquí/
Dame acceso/lee eso que raya en la mente para entender
Cómo se llega al Arcángel/semejantes o antagónicos/
La verdad como límite entre lo alto y lo bajo/
Lo falso o lo real/para atemperarme/ todo coincida
En el panorama/continúa/es triste tener un argumento/
Escena del que olvida sin vibrar/sobrado símbolo para aparejar
Equívocos detalles/puñado de tierra que me acoges e inquiere
No voy a cavar otro túnel para que pasen las huestes/

Dejémoslo así/todo entre ruidos y socavaciones/
El mundo se ve desde cualquier lado/ la luz/y la coartada/
Dónde quedamos nosotros/dormiditos en la mente
Elemental/alma o vida/el escogido se acredita/
Llega a entender cómo se rasga la capucha/
La demanda de trabajo/herencia de una nostalgia
Contribuyente/aclimatada en la colmena/
Párate y responde/no busques consuelo en ese cobertizo/
Sin maniobrar/qué sabes tú de los despojos/
De la farsa de los idénticos/
En qué plano quedo yo/en esa existencia del espíritu/
Subyacente/*sacrificándome* en la absorción/
Si nada reposa en el ambiente de las semiverdades-/

¿Cuál es la ventaja de oscilarme o experimentar el placer?/
Compensar el gesto estéril/mi mano alcanza la suma/
¿Qué sucede si voy hacia otro polo?/ ¿si soy relativo?/
¿Qué sucede si transmuto en lo estimable?/
¿Si salgo de la tremenda –bestialidad-?/

Y me propago como el oro/o te llegan mis palabras
Como el éter digerido/
Recobro el valor/sin que la muerte entre o nos sorprenda/
Si acaso me despido/o corro los encajes/o me vicio/
Abro las compuertas del olvido
O encuentro el *equilibrio*/

Pluralidad/Jesucristo

O al menos despójanos de tales apariencias/
De esos derroteros/volver a enfrentarnos para no hacernos
Pasar por dobles/
o decir coherentemente lo que hemos perdido/
Permítanme reservarme
/no ser suspendido/o dividido en Cruz/

Es torpe/justificar/o anunciar/lo que no anuncia
(*Él*) que nunca estuvo dividido/mientras nosotros olvidamos
Lo que hay entre el clavo y la madera/
Entre la sangre y los segundones
/en la sombra migratoria/
Ave en la columnata/o en la baja pasión de un hombre/
En los gestos vengativos/ plural imagen
Que se afirma desde el agua y entrega la paloma/
A punto de secarse en mi presencia
/como pocos que sobreviven/

Descubrí que la muerte no tuvo ese dominio/
Ni existe ese empalamiento corpóreo
/ ni tal hambruna/
Sino la simple estrella que raja el muro
/cada cual puede asomarse
A la imagen promisoria/mi inquietud no será la tuya/
Soy sombra atemporal
/imperio receptivo/
Mármol que convulsiona/no me digas cuál es tú nombre/

No digas nada sobre los dones que perviven
/ven a descubrirme
En medio de la enfermedad o de las mutilaciones

/no quiero golpear
Ni encontrar un culpable frío
/sobran contornos/raíces o jardines/
No hay culpabilidad sobre ese rostro que me aviva/
Ven a coronarme incógnito ancestro
/circundante imitación/
Extensa piel segura con tono más alto/

Dame dador y espanta de mí ese miedo/
De mi abyecto expediente-cristalino-/
Yo quiero beber de ahí/ fosa abierta/sin contagio alguno/
Sin tener que venir de abajo/
O querer impresionarte/ni un día/

IDOLATRÍA/CHRISTIAN ROSENKREUTZ

Para que exista un muro no hace falta poner ladrillos ni flores/
Tras un muro nadie puede descubrirme/ni poseerme/
A penas atraparme en esa ignota vastedad/
Hago los conteos como un flotador se asfixia/
De ahí que regreso al mismo lodazal /
Donde infinitud y vacío es la misma cosa
Que quizás puedan estremecerme/
Nadie sabe lo que se siente cuando se experimenta
El fluido interminable de la marea/
Nadie me ha dicho cómo hacer de una rosa una cruz/
Yo sólo intento sentir que existo
Dentro de ese tabique que absorbe la corriente/
Mírame a los ojos para aplacar mi idolatría por la vida/
Mírame para alejar la desidia/dime cómo me veo
Con manos solitarias ocultando lo que he de soltar
Bajo el ajuste/picadura mordaz que hincha la lengua y duele/

Genero fuerzas para no replicarme sobre la egocéntrica serie/
Molde que sale del albergue y ceba el donativo común/
Poligráfica cartulina donde todos cargan con sus fantasmas/
Temo ser sorprendido después del amanecer/
Temo completarme y encontrar
Lo que todos andan buscando en otra piel/
Respondo aquello que me preguntas/
Respondo que al fondo de la casa veo una tumba
Que insiste en tragarse mi idolatría por la vida/
Ya no me abruma ese *grafiti* estampado en la pared
Líderes esmaltados/ni esos bocetos de serafines mortales/
Pero un muro siempre divide y desplaza/
Para que rija la brutal diferencia entre el norte o el sur/
Para que en el medio se agite el agua

Con que nadamos allá o acullá del infecundo cocodrilo/
Y no pases de prestamistas diletantes/
Escalerilla de reses perdiendo la conciencia/toma de religiones
Falta de conciliaciones/si para sentir que cae la llovizna
Sólo hay que poner la mano y mojarse/ o rehacer esa rosa
Sin dolencia/ni furor/ para ese *lossing* del *brother/*
Homosapiens que se envía en botellas/
Hacia esa ola que te aleja de la súbita *raya*/ luz *lejana*/
Patria que te acoge/que es patria o dolores/
Lossing del hombre con doble recorrido
En reforzada arquitectura/ un mar como muralla/
Sin ladrillos/ ni flores/ tiburones como prueba/
Lossing del árbol sagrado/de la casa dividida/
De los corazones/de ambos/corredores/

Lossing del techo/del disfraz que descomponemos/
De lo que ha sido tuyo/de la orgánica salvaguarda/
O distintos modos de separaciones/testimonios arbitrarios
Años consumidos dentro de ese muro/
Barco o ventanilla de aeropuerto
Que se rezume como un hecho desolador/
Mírame para hacer el cálculo/ donarte lo que pienso/
Rociarte esta flema/ repensarte o conmoverte/
Ser espíritu que se renueva con esa *llovizna*/
Espíritu que acelera los cambios/
Actúa como si nada me doliera/

Gerencia/Pessoa

Ya casi soy otro/
Me atrevo a voltear la hoja y sacar todo hacia fuera/
El mejor poema vive –siempre- en mi cabeza/
Ahí fecunda con ansias y sin reserva/
Las palabras se acurrucan o solas se elevan/
Guardo la compasión/tiza que señala al *sujeto*/
Describe su intermitente figura/*tal cual*/
Como un abanico que agita el carnicero/

Yo ya casi soy otro
Mientras converso en mis adentros/reservo el dedo del ángel
Señalando lo que viene sin posibles sacrificios/
Puedo hurgar sin miedo esa alianza que se abre
Para obtener mi gerencia/doble botín/o/mi manera única
De alcanzar el blancor que quiero/ hago sumas de otras épocas
Cuyas razones sobraron/o se hacen obvias/solas se excluyen
Densa maduración del principio que persigo como el oro/
Losas que muestran ese *yo* con resultados y voz autorizada/

Edificado en su estructura especial del perfeccionado que piensa
En lo esencialmente útil en la pecera /sin torvos gusarapos/
Sin el rencor que mata/con aciertos
y la protección de los derechos/
Sabiendo lo que hago/salvado por las promesas/
Por todas esas rondas de dudas que esclarecen el poema/

Por todos los empates del ayer/
Por los espectáculos del premiado/
Alejado del mar individual/ de los palacios cotizados/
Balneario que abre sus puertas/
Por el rayo láser o la mansión /recuperado por la terapia

Y el sistema nervioso central/
Extremadas medidas superadas/y los nutrientes
Para que viva el mejor poema en mi cabeza/
Con bandas de lluvias acercándose al paso *del otro*
Que ostento/ variable y menos débil/ aislado/
Con bajas o altas temperaturas/sobre flota equiparada/
Como capitán de navío/presidiendo esa holgura
Que sólo vive en mi cabeza/
Como una galería o un estacionamiento para gaviotas/
Con la vida entera feliz/

Ya casi soy -*él*- que se autogenera/ y se nivela
Con las cosas comunes/cosas triviales/ y no opera
Porque entiendo que nadie hace de un Gobierno/
O de la poesía
Un hecho importante/

CELEBRIDAD/CAMUS

Qué puede ser peor Camus: el mero –existir-
O pensar en las vidas –separadas-/
Paso a ratos por el acantilado/
Es lo mismo que decir: nunca se llega a entender
El sentido de todas las cosas/

Todo se vierte en ceniza o polvo de camino- gastado/
Qué puede ser peor: ¿vivir o morir?
Pasarme la vida perdiendo los nexos
Con todo lo que ha sido-inapresable-para mí/
He visto pasar cadáveres contrarios por el lodazal
Sin ningún asombro/
Quizás por eso no me asusta pensar en el mero-existir
O en las vidas–separadas-/ hijos como ofrenda de divisiones
O de claras lejanías donde el azul es una mancha compuesta
Entre cielo o tramo de altas tensiones/agua y tierra/
Donde pastan las reses asesinadas
Con martillazos en las sienes/
Muchos hombres/mueren así/vi uno que vestían
Y sus brazos colgaban/
Su cuerpo llenaban de perfume para hundirlo con talco
Y aroma
Yo también vivo hundiéndome día tras día con talco/aroma/
Maquillaje o rubores/para no aplastarme con las penas/
O no pensar en las formas compactas/
Que inducen al homicidio/
Recortes/donde no hay ausencias/
O donde siempre se retrocede
Hacia ese acantilado-oscuro-que es la memoria/
Travesía o inconsciencia que vedamos/
Partículas o fino ramaje de las vidas-separadas-

De su original *condición*
O de todo cuanto en realidad debía o debió suceder/
Al amparo de una casa/
Cuya puerta me lleva hacia donde quiero/o puedo ir/

Cuando al final nunca se llega a ningún lado/
Como el propio ladrillo que se deteriora/
Hace que una casa se vaya derrumbando/lentamente/
Mientras uno se queda/tieso y helado/
Como el enorme bisonte blanco
En las frías montañas del norte /o pase por esa calzada
Donde veo a una anciana/con cáncer en el rostro
Y una toalla mojada en la cabeza/
O hacia ese pedregal/donde se pudren las reses/
O el hombre asesinado
Con el incisivo perfume/que llevo en mi cuerpo para *seducir*
Y/o/seducirme –*escribiendo*-
Sobre lo que –apenas- conozco
Para entender/o no todas las cosas
Y alcanzar/como Camus
Esas vanas pretensiones/

Banquete/Platón

Pósate
A ver cómo se alimenta una flota/o una familia/
O se innova con la materia prima en plena combustión/
Mesa que se purifica sobre el bordado mantel de mi madre/
Un centro lleno de flores para impresionarte/
Con el rubor del tomate/
Hinca el diente/prueba el sabor de las descomposiciones/
La uva que no es uva de ayer sino del gajo
Que estuvo en latente pudridero/
Magnitud del fruto que se contamina de noche/
Cuando mi hígado replica
Y el ganado se ahuyenta pendiente abajo/
Pero volvamos a la cena/
O/a lo que reproducen los intestinos/
A /lo que dejó el tigre al amanecer/
Lo que dejó el muerto en su fetidez/el cuchillo afilado/
O un rebaño con cicatrices/
Pega la boca/sobre gérmenes que se hierven en el plato/
Con plumas y crujidos/
Decídete a probar el hueso puntiagudo/ amenazante/
Puedo mostrarte mi vocación/
Amargor que me sale del abdomen/
Puedo beber el vino/que no es vino de ayer
Sino del sepulcro/o de las muertes extrañas/
Brinda y discute cómo se acaba el mundo
Por piezas separadas/como cartílagos- luminosos-/
Embute los rostros como piedra o metal/
Una cena es cuestión de muerte o de negociaciones/
Igual la salsa extranjera/ cristal de islas bananeras/
Pie que queda adentro o afuera/
Seco o mojadito/bocado que corre entre las piernas/

Obstrúyete como un vegetal/
Mientras las mujeres amamantan/
Y se mancha el bordado mantel con los tuétanos/
Y las espinas saladas del crustáceo o del mamífero/
Procesa las grasas/ vuelve a discutir
Sobre las guerras del fin del mundo/
Niega o repercute lo que afirma el carrocero/
Todos comemos de prisa/como una telenovela/
Sin sentir la longitud del aire/ mastica el ave
Sobre la frágil taza que se abarata con los colores/
Repásame las noticias/los sentidos/
O el tema que convoquemos/
Aumenta el sopor del espíritu que construimos/
Hagan la velada perfecta/discutan/traguemos en seco/
El plagio de las altas voces/repliquemos las frutas/
Los duros plátanos/ mañana nos disecaremos/
O seremos esas luces/ o esas sombras/

Repasa lo que sobra/ escupen los títeres/
Cuando se ingiere la melancolía/
Digiere la arrogancia del muerto/
Lo que sudan los corazones/es bueno olvidar
Lo que olvida un comando/ lo que se lee en la prensa/
Lo que suena en la radio/ lo que impone el locutor/
Que se vende como postre caliente/
Mientras lloramos con las cebollas/ enviamos *mensajes/*
Preguntando qué se come afuera/de la malla/
O del horizonte/virtual/

Siéntate a mi lado y prueba el almíbar del naranjo/
O el almíbar de la opresión/traga incomodo
El pescuezo del país que se amplía o se deforma
Como otras naciones/como el propio lenguaje/
Como muestra de crisis sociales/ modelo de supervivencia/

Improvisemos con enfermas vísceras/ especies del patio/
Sazones del mediodía/lo que fermenta el verano/
Tritura los cueros calientes/

Raspa la olla/muerde los rabos del cerdo
Eructa el salitre en la bandeja/
Cuando con hambre latina o africana/
Se devora el hambre Universal/
Traga el aceite de los pinos/el animal inmundo/
O la papa caliente/
Solo así estás adentro/
Solo así se siente/qué cosa es amar
Platónicamente/

MILTON/*PARADISE LOST*

"¡Oh! tú que por atestiguar la verdad
sufriste universal vituperio"

JOHN MILTON

I

O yo queriendo propagar la sensación que brota
De este absurdo –desapego-/
Necesariamente nos verán ascender de modo especulativo/
Traes la cesta
No sabría emprender o ajustarme a esa corriente/
Padecer el fallido de la existencia que porto/
Los días que siempre son otros/
Y no estos sino los verdaderos/
Pensar en lo extraordinario me obnubila/
Llamarada que me guía/radiante aturdimiento
Para entender desplazamientos/ farsa de los signos vitales
De la cáscara partida/depende del exterminio/
de la masa muerta/
De la caldera que envidiamos/de la división o el coraje/
del impacto /

Alternancias del duelo/de la catapulta/ escabiosis de la cueva/
De la lava/del sufrimiento de la bestia tercia/
De la flecha eléctrica/de la caída de Adán
Después de la batalla/del negro rocío y el cloroformo/
Bronceador que me untas para caer/en la erupción/
En los peñascales/luminiscencias de la inseguridad/
Del que cae o se levanta/ de la autocensura/
La autocompasión/o de la gravedad del asunto/

II

No puedo fingir lo que verdaderamente no soy/
Necesariamente vamos vertiginosos viendo la maravilla/
Hacia el crespón de la roca/
Guantánamo/Granada/ Guadalajara/
Londres del *smog* circundante/ del atropello/
Minas de la censura/ versus Historia/cisura del gas/
Éter combinativo/chispazo calamitoso de la torre –mortífera-/
Desplome de la rama/marisma/comisuras/intersticios/
Ceba sin los ribazos/sin candidato alguno/
Sin que hables por mí/sube/baja/
Dame más/plegadura/ riada/obturación del caer/
Fiebre o atarrayas/sube más ensanchamientos/
Desdobla la ahogadura/cohorte habitual muerde la soga/
Memoria de las excrecencias/
                Mundo perdido/
                        Mundo entre ríos/
Aserrada manía/desgarrones/
                persistentes manubrios/hala más/
Deserción/vencidades/ pasamontañas/
Pulsación que incomoda/pasa líos/

Paraíso perdido/*lost* del molusco/del aguafiesta/
Sabia importancia de ganar o perder/
El aceite condesado en la botella/
Lost del cadáver inocente/
Condición del colado-humano- pajarillo/
La verdad como símbolo de la abundancia/
Pretexto de avaricia que vislumbro en la alborada/
Me inquieta la fortuna/
Sigo en la hilera de pesada artillería /
Desisto sin recuperar lo perdido/
Lo peor está en fingir/o en acceder/

III

Lost del que invita a atestiguar/surte la toga/
Qué importa sufrir *el universal vituperio*/dudoso revivir/
Cruzar la pradera/perder lo que deseamos/sube más/
Traspasa la rajadura/el equilibrio/ perplejidad de volvernos real
Como una claraboya/un frasco de perfume/
Oro frotado por manos exóticas/
Gancho seguro del propósito invertido/

Paraíso de los muertos/
Dúctil resonancia para calmarnos con la luna/
Plano del espíritu caído/letales contemplamientos/
Peldaño arriba/abajo/
Perplejidad de perdernos con estómagos vacíos/
Mancha del dienteperro/escandalosos modales/
Fin último de la desolación/lupa para el tráfico de gente/
Lente constrictor para podrirnos o enriquecernos/

Lost/ lost/ Lost/ comercializamos/nos morimos/
Lost/ lost /militares jornadas/*cansados*
Buscamos/ azufre en los volcanes/

NEVER MORE

Este es el reino
Donde el cuervo procrea y yo también/
Úsame que yo soy el hombre que asesinó a la muerte
Y no quiere reconsiderar su cadáver/

Limítate a ofrecerme el vino
Que *nunca* más beberá el tirano/
Confínate como Cristo humillado por la pena/
Reclúyete como el elefante asiático en la cerca/
Mírale bien los ojos al secuestrador/
Nunca más esteremos solos/detrás de la separación/
Nunca más el carrocero acechará mi cara/
Nunca más el aldeano manará la sangre
Del mar empobrecedor/
Nunca más el mundo tendrá esa lágrima
Que el muerto deja para ti/
Nunca más veré las cruces/las crisis o el desapego/

Nunca más oirás las ondas afectuosas/
El llanto expansivo/
La voz mellada/
De lo que *nunca* hubo/
O tuvo/

De la autora

Miladis Hernández Acosta (Guantánamo, Cuba, 1968). Poeta, editora, crítica y ensayista. Licenciada en Historia por la Universidad de Oriente.

Ha publicado el ensayo: *Las náufragas porfías* (Ed. Primigenios. Miami, 2020 y Ediciones Loynaz, Pinar del Río, 2016). Los poemarios: *Los blancos territorios.* Antología creciente (Ed. Primigenios, 2021), *Bosque de Tárnow (Ilíada Ediciones, Berlín, 2021); La niebla del paraíso (Ed. DMcPherson. Cuba, 2021); Viento de cenizas* (Antología Mínima. Ed Primigenios, 2021) *El oro del imperio* (Ed. Siglo 21. España. 2020); *La confesión infinita* (LP5. Chile, 2020); *El fuego del ángel* (segunda edición. Ed. Primigenio, 2020), Al *sur de los páramos* (tercera edición. Ed Primigenios, 2020), *La sombra que pasa* (Segunda edición. Ed. Primigenios, Miami. 2020); Después *de la caída.* (Segunda edición. Ed, Primigenios, Miami, 2020); *Memorias del abismo,* segunda edición (Ed. Primigenios, Miami, 2020); *El fuego del ángel (Editorial* ZWeibook, Chile, 2020), Al *sur de los páramos,* segunda edición (Ed. El mar y la montaña. Guantánamo, Cuba, 2020); *Los imponderables reinos,* segunda edición (Ed. Primigenios. Miami, 2020); *Libro de los prójimos*. Segunda edición (Ed. Primigenios. Miami. 2020); *La isla preterida* (Ed. Primigenios. Miami. 2019); *Los imponderables reinos,* (Ed. Extramuros, 2014, Cuba); *Después de la caída,* (Ed. Oriente, 2014, Cuba); *Diario de una paria* (1994) y *La burla del vacío* (1995), ambos por la Ed. Oriente; *Los filos del barro* (2000 y 2009) *y Memorias del abismo* (2004), por la Ed. El Mar y la Montaña; *El conjuro de las runas* (Ediciones Ávila, 2004); *Salmos para el hastío* (Ediciones Vitral, Obispado Pinar del Río, 2005); *Libro de los prójimos*

(Ediciones UNIÓN, Ciudad de La Habana, 2010); *La armada tristeza invencible* (Ediciones Ácana, Camagüey, 2009) y *La sombra que pasa* (Ed. Letras Cubanas, Ciudad de La Habana, 2010). En proceso editorial: *Los expolios (Versátiles* España*)*

Como antologadora tiene publicado *Harold Hart Crane, El divergente*,(Compilación y prólogo, Miladis Hernández Acosta. Ed Ático, Holguín, 2015, Cuba.); *La Incierta Superficie*, Antología poética de Francisco Muñoz Soler. España. (Compilación, prólogo y edición de Miladis Hernández Acosta. Proyecto Sur. Ediciones Unión. Cuba, 2012); *Ríos de cabezas* (Antología Poética de Roberto Bianchi. Compilación, edición y Prólogo de Miladis Hernández Acosta. Proyecto Sur. Ediciones Unión, La Habana, Cuba, y Ediciones Abrace, Montevideo, Uruguay. 2013); *El fuego recobrado* (11 Mujeres cubanas contemporáneas. Ed. Giraluna. Venezuela, 2021) y *11 Voces dispersas* (Antología de mujeres de Hispanoamérica. Poesía del exilio. Ed Primigenios. Miami. 2021)

Sus obras han sido incluidas en antologías cubanas y extranjeras como *Anuario* UNEAC (Ediciones UNIÓN, Ciudad de La Habana, 1994), *Poetas cubanos actuales* (s.e., Venezuela, 1995), *Hermanos* Bilingüe(s.e., Salvador de Bahía, Brasil, 1996), *Aldea poética* (Ed. Ópera Prima, Madrid, España, 1997), *Mujer adentro* (Ed. Oriente, Santiago de Cuba, 2000), *Los parques* (Ediciones Mecenas y Reina del Mar Editores, Cienfuegos, 2001), *Silvio: te debo esta canción* (Ediciones Santiago, Santiago de Cuba, 2004), *Antología de la poesía cósmica de Miladis Hernández Acosta,* de Fredo Arias de la Canal (Ed. Frente de Afirmación Hispanista, México, 2002)y *Antología de la poesía cósmica cubana* (Ed. Frente de Afirmación Hispanista, México, 2000), *Encuentros, sobre la obra poética de Dulce María Loynaz,* Ediciones Loynaz, 2012, Pinar del Río, Cuba, *De cuando la Zambrana era Luisa Pérez Montes de Oca* (Ediciones Santiago, 2012), *Poesía cubana,*

Siglo XXI. Fernando Sabino. Miami. 2012. *Poderosos Pianos amarillos, poemas cubanos a Gastón Baquero*, Ediciones La Luz, Holguín, 2013. *Espejos de la palabra*. Ed. Abrace, Uruguay 2014.

La isla invertebrada. Ed Capiro, 2019. *Cultivo una Rosa Blanca,* Ed Giraluna. Venezuela, 2019. *Ebook: Ana Frank*. Biblioteca de las Grandes Naciones. España, 2019. *Ebook: Alejandra Pizarnik*. Biblioteca de las Grandes Naciones. España, 2019. *La Habana convida, 500 años*. Ed. Primigenios. Miami, 2019. Ebook. Chile, 2019. Biblioteca de las Grandes Naciones. España. Miami, Rincon querido, (Ed. Primigenios, 2020); Pandemia, Ebook. Biblioteca de todas las naciones, España, 2020. *Fusión. Contra Molinos de viento,* Argentina, 2020. Antología Opa, *Esforzándose por sobrevivir,* India, 2020.

Sus poemas han aparecido en revistas nacionales y extranjeras, tales como La Gaceta de Cuba, Cauce, Debate, Señales, El Mar y la Montaña, Del Caribe, El Caserón, Fauces y Estrella del Sur, estas dos últimas de España; La puerta de los poetas (Francia), Prueba de Galera (Argentina), Luces y Sombras (España), Xilote(México), Sol Negro (Perú), Alhucema (España) y Decir del agua (revista digital, EE.UU.), Videncia, Cuba, La siempreviva, UNION, Revista de arte y Literatura, Ciudad Habana, 2013, Cuba, Diéresis, Holguín, Cuba, Dualis, Revista de Género, Abrace, Uruguay 2014, y otras. *Letras de Chile,* 2020. *Linden Line, Magazine,* primavera, abril, Miami, 2020. *Atunis poetry*, Bélgica. 2020. Revista Azahar. España, 2020. Golem, 2020.Antología OPA de poesía. *Striving for supervival*. India, 2020.

Sobre su obra se han escrito artículos y comentarios que aparecen en: De la Filosofía al Protoidioma, de Fredo Arias de la Canal (Ed. Frente de Afirmación Hispanista, México, 2002); "Palabras de presentación del poemario Los filos del barro de Miladis Hernández", de Rissell Parra Fontanilles (El Mar y la Montaña,

Tercera época, Año 6, no. 1, 2001); "Miladis Hernández Acosta. Escasez de libros nunca hemos sufrido", de María Celeste Medrano (El Diario, 7 de noviembre de 2000, Paraná, Argentina); "El conjuro de las runas o la eternidad de las palabras", de Herbert Torranzo Falcón (El Mar y la Montaña, no. 3 de 2007); "Acercamiento a la literatura guantanamera actual", de Manuel Coca (El Mar y la Montaña, no. 1 de 2009) y "Respuesta con lupa sobre la literatura en Guantánamo", de Manuel Coca (El Mar y la Montaña, no. 3 de 2009), y otros.

Ha obtenido los premios Tomás Savignón 1992 y 1993, Regino E. Boti en poesía 1993, 1995 y 2000 y mención en ensayo en el 2000, Manuel Navarro Luna 1993, José María Heredia (premio 1995 y mención en el 2006), primer accésit en el 6to Concurso Internacional La Puerta de los Poetas (Francia, 1998), premio Santiago 1994; premio Ángel Escobar 2002, mención especial en el Encuentro Iberoamericano sobre la poeta Dulce María Loynaz (2000), mención en el concurso Palma Real (Torino, Italia, 2003) y mención Alcorta 2009. Primera mención certamen Hermanos Loynaz 2016.

Ha participado en importantes festivales de poesía. Festival de poesía del Rosario, Argentina, 2000. Inauguró el Primer Congreso Internacional, Escritores sin Fronteras, Mendoza, Argentina, así como Festivales de poesía Habana, y Festival del Caribe, Santiago de Cuba en diferentes años. Ha sido jurado de importantes certámenes literarios, y otros.

ÍNDICE

www.ingramcontent.com/pod-product-compliance
Lightning Source LLC
LaVergne TN
LVHW050600160826
845677LV00011B/2392

* 9 7 9 8 8 2 3 7 9 9 8 0 5 *